Estatística aplicada

ANÁLISE EXPLORATÓRIA DE DADOS

www.saraivauni.com.br

Editora Saraiva

Rua Henrique Schaumann, 270
Pinheiros – São Paulo – SP – CEP: 05413-010
Fone PABX: (11) 3613-3000 • Fax: (11) 3611-3308
Televendas: (11) 3613-3344 • Fax vendas: (11) 3268-3268
Site: http://www.saraivauni.com.br

Filiais

AMAZONAS/RONDÔNIA/RORAIMA/ACRE
Rua Costa Azevedo, 56 – Centro
Fone/Fax: (92) 3633-4227 / 3633-4782 – Manaus

BAHIA/SERGIPE
Rua Agripino Dórea, 23 – Brotas
Fone: (71) 3381-5854 / 3381-5895 / 3381-0959 – Salvador

BAURU/SÃO PAULO (sala dos professores)
Rua Monsenhor Claro, 2-55/2-57 – Centro
Fone: (14) 3234-5643 – 3234-7401 – Bauru

CAMPINAS/SÃO PAULO (sala dos professores)
Rua Camargo Pimentel, 660 – Jd. Guanabara
Fone: (19) 3243-8004 / 3243-8259 – Campinas

CEARÁ/PIAUÍ/MARANHÃO
Av. Filomeno Gomes, 670 – Jacarecanga
Fone: (85) 3238-2323 / 3238-1331 – Fortaleza

DISTRITO FEDERAL
SIA/SUL Trecho 2, Lote 850 – Setor de Indústria e Abastecimento
Fone: (61) 3344-2920 / 3344-2951 / 3344-1709 – Brasília

GOIÁS/TOCANTINS
Av. Independência, 5330 – Setor Aeroporto
Fone: (62) 3225-2882 / 3212-2806 / 3224-3016 – Goiânia

MATO GROSSO DO SUL/MATO GROSSO
Rua 14 de Julho, 3148 – Centro
Fone: (67) 3382-3682 / 3382-0112 – Campo Grande

MINAS GERAIS
Rua Além Paraíba, 449 – Lagoinha
Fone: (31) 3429-8300 – Belo Horizonte

PARÁ/AMAPÁ
Travessa Apinagés, 186 – Batista Campos
Fone: (91) 3222-9034 / 3224-9038 / 3241-0499 – Belém

PARANÁ/SANTA CATARINA
Rua Conselheiro Laurindo, 2895 – Prado Velho
Fone: (41) 3332-4894 – Curitiba

PERNAMBUCO/ ALAGOAS/ PARAÍBA/ R. G. DO NORTE
Rua Corredor do Bispo, 185 – Boa Vista
Fone: (81) 3421-4246 / 3421-4510 – Recife

RIBEIRÃO PRETO/SÃO PAULO
Av. Francisco Junqueira, 1255 – Centro
Fone: (16) 3610-5843 / 3610-8284 – Ribeirão Preto

RIO DE JANEIRO/ESPÍRITO SANTO
Rua Visconde de Santa Isabel, 113 a 119 – Vila Isabel
Fone: (21) 2577-9494 / 2577-8867 / 2577-9565 – Rio de Janeiro

RIO GRANDE DO SUL
Av. A. J. Renner, 231 – Farrapos
Fone: (51) 3371- 4001 / 3371-1467 / 3371-1567 – Porto Alegre

SÃO JOSÉ DO RIO PRETO/SÃO PAULO (sala dos professores)
Av. Brig. Faria Lima, 6363 – Rio Preto Shopping Center – V. São José
Fone: (17) 3227-3819 / 3227-0982 / 3227-5249 – São José do Rio Preto

SÃO JOSÉ DOS CAMPOS/SÃO PAULO (sala dos professores)
Rua Santa Luzia, 106 – Jd. Santa Madalena
Fone: (12) 3921-0732 – São José dos Campos

SÃO PAULO
Av. Antártica, 92 – Barra Funda
Fone PABX: (11) 3613-3666 – São Paulo

302.422.001.001

ISBN 978-85-02-17756-7

CIP-BRASIL. CATALOGAÇÃO NA FONTE
SINDICATO NACIONAL DOS EDITORES DE LIVROS, RJ.

S567f

Sicsú, Abraham Laredo.
Estatística aplicada : análise exploratória de dados / Abraham Laredo Sicsú e Samy Dana. - São Paulo : Saraiva, 2012.
160p. : 24 cm

ISBN 978-85-02-17756-7

1. Estatística. I. Dana, Samy. II. Título.

12-5339. CDD: 519.5
CDU: 519.2

27.07.12 07.08.12 037748

Direção editorial Flávia Alves Bravin
Coordenação editorial Alessandra Marítimo Borges
Ana Paula Matos
Gisele Folha Mós
Juliana Rodrigues de Queiroz
Rita de Cássia da Silva
Produção editorial Daniela Nogueira Secondo
Rosana Peroni Fazolari
Marketing editorial Nathalia Setrini Luiz
Suporte editorial Najla Cruz Silva
Arte e produção MSDE / MANU SANTOS Design
Capa MSDE / MANU SANTOS Design
Produção Gráfica Liliane Cristina Gomes
Impressão e acabamento RR Donnelley

Contato com o editorial
editorialuniversitario@editorasaraiva.com.br

SaraivaUni

Abraham Laredo Sicsú
Samy Dana

Estatística aplicada

ANÁLISE EXPLORATÓRIA DE DADOS

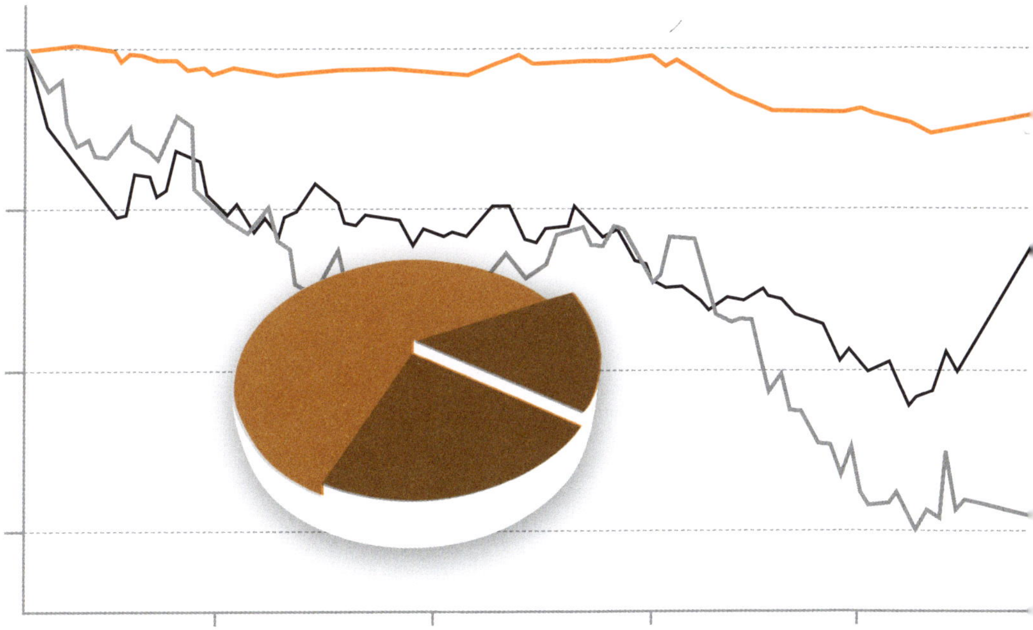

Editora Saraiva

À minha namorada, Helena
A.L.S.

Aos meus pais
S.D.

Abraham Laredo Sicsú M.Sc. e Ph.D. pela Stanford University (USA); mestre em Estatística pelo Instituto de Matemática e estatística da Universidade de São Paulo (IME-USP); especialista na aplicação de métodos estatísticos nas áreas de processos, marketing e crédito. Desde 1980 atua como instrutor e consultor de grandes empresas no Brasil e no exterior. Foi um dos primeiros consultores a desenvolver modelos de Credit Scoring para o mercado bancário no Brasil. Professor de métodos quantitativos da Escola de Administração de Empresas de São Paulo da Fundação Getúlio Vargas (EAESP-FGV).

Contato com o autor:
alsicsu@editorasaraiva.com.br

Samy Dana é Ph.D in Business Administration pelo IE Business School; doutor em Administração de Empresas pela Fundação Getulio Vargas (FGV-SP); mestre em Economia pela IBMEC e bacharel em Economia pela Fundação Álvares Penteado (FAAP). Atualmente é professor de carreira na Escola de Economia de São Paulo, Coordenador de International Affairs e do projeto GV Cult (EAESP, EDESP e EESP). Publicou e apresentou trabalhos acadêmicos e profissionais nacional e internacionalmente. Consultor de empresas nacionais e internacionais dos setores real e financeiro e órgãos governamentais.

Contato com o autor:
samydana@editorasaraiva.com.br

Este livro tem como objetivo apresentar conceitos básicos da análise exploratória de dados de uma forma simples, clara e objetiva. Isso permitirá que o leitor compreenda como a estatística pode auxiliá-lo no gerenciamento do seu negócio e, principalmente, no processo de decisão.

A ideia para escrever este livro surgiu da percepção de que a maioria dos livros de estatística é muito extensa e detalhada, e nem sempre estão preocupados com a necessidade dos gestores em entender os dados sem recorrer a técnicas complexas. O objetivo desta obra é trocar uma formalização entediante comumente encontrada nos livros sobre o tema por exemplos reais ilustrando o uso das técnicas. A praticidade, no entanto, não significa que o texto abandona o rigor necessário às boas práticas estatísticas.

Fundamentos de estatística busca aproximar a estatística da administração de negócios, mostrando como ela pode auxiliar no planejamento e nas tomadas de decisão de empreendimentos de diferentes naturezas e portes. Hoje existem diversos softwares que auxiliam na organização e tabulação de dados; nesse caso, o desafio é auxiliar o executivo a analisar os dados e interpretá-los, transformando dados em informações úteis. Este é o objetivo do livro.

O livro apresenta diversas situações práticas para que fique mais fácil ao leitor entender como os conceitos apresentados podem ser aplicados no dia a dia dos negócios. Ao fim de cada um dos capítulos são propostos exercícios para auxiliar a fixação dos conceitos apresentados. Os autores recomendam fortemente a realização desses exercícios para o reforço das lições aprendidas.

Este trabalho é fruto de nossa experiência letiva com centenas de alunos dos cursos de MBA da Fundação Getulio Vargas. Os resultados, sempre positivos, nos motivaram a preparar um material didático para ajudar os alunos a estudar e compreender as diversas formas de análise de dados.

Agradecemos a todos os alunos que com suas dúvidas e sugestões contribuíram para o desenvolvimento do presente trabalho e aos demais colegas da Escola de Administração de Empresas da Fundação Getulio Vargas pelas valiosas contribuições na organização dos cursos.

Os autores.

Capítulo 1
VARIÁVEIS

Capítulo 2
DISTRIBUIÇÕES DE FREQUÊNCIAS

Capítulo 3
MEDIDAS DESCRITIVAS

Capítulo 4
DISTRIBUIÇÕES BIVARIADAS

Capítulo 5
ANÁLISE DE DUAS VARIÁVEIS QUANTITATIVAS

Capítulo 6
SÉRIES TEMPORAIS

Capítulo 1

VARIÁVEIS

INTRODUÇÃO

A estatística busca responder perguntas sobre determinados grupos de clientes, empresas, setores etc. Ao conjunto de indivíduos sobre os quais recai nosso interesse denominamos *população*.

Em certas situações, é viável analisar uma base de dados contendo os dados de todos os indivíduos da população; por exemplo, a população de clientes de uma empresa. No entanto, devido a limitações financeiras ou operacionais, nem sempre é possível coletar os dados de todos eles. Nestes casos, seleciona-se, de acordo com determinados critérios, um subgrupo de clientes. Os dados dos clientes que compõem a amostra são analisados e, posteriormente, os resultados desta análise são "extrapolados" para toda a população de clientes.

Podemos então, de maneira simples, especificar que o ciclo da estatística possui três etapas importantes. A primeira delas é a coleta de dados. A segunda etapa é a análise exploratória dos dados que foram coletados. A terceira etapa, quando partimos de uma amostra, é a inferência estatística, ou seja, a extrapolação dos resultados amostrais para a população. Este livro se concentra na análise exploratória de dados.

1.1 CONCEITO DE VARIÁVEL

O termo "variável" será citado diversas vezes no decorrer do texto. Para compreender melhor o conceito de variável, imagine que uma editora de livros deseja fazer uma análise de suas concorrentes no mercado. Ela deseja analisar, para cada um dos concorrentes, o número de livros vendidos por ano e o faturamento anual de cada uma dessas empresas ao longo do tempo. Assuma que os concorrentes são as empresas A, B e C.

A quantidade de livros vendidos anualmente por cada concorrente é uma variável, isso porque esse número pode variar ao longo dos anos, dependendo de diversos fatores. O faturamento dessas editoras também é uma variável, pois o valor pode variar de acordo com o tipo e volume de vendas, assim como depende do tipo de livro vendido.

Os diferentes valores que essas variáveis podem assumir, obedecendo à ordem cronológica de ocorrência, formam a base de dados a analisar. Para simplificar, imagine uma planilha de Excel em que cada ano corresponde a uma linha e a cada coluna corresponde a uma das seis variáveis (vendas de A, vendas de B, vendas de C, faturamento de A, faturamento de B e faturamento de C). Cada linha representa uma *observação*. Essa planilha será a base de dados para a análise.

1.1.1 TIPOS DE VARIÁVEIS

Em estatística, há dois tipos de variáveis, as quantitativas e as qualitativas. A distinção entre essas categorias é importante, pois as técnicas estatísticas a serem aplicadas para a análise dos dados dependem do tipo de variáveis envolvidas.

As variáveis quantitativas são aquelas que podem ser expressas por meio de números que representam quantidades. O número de funcionários de uma empresa, as compras mensais, em reais, de matéria-prima, um índice de liquidez são exemplos de variáveis quantitativas.

Em geral, em administração, as variáveis quantitativas correspondem a um processo de contagem ou a uma medição. As variáveis resultantes de um processo de contagem são ditas variáveis discretas. Por exemplo, o número de clientes de uma empresa, o número de filiais, número de protestos, faturamento em reais etc. são contagens e, portanto, variáveis discretas. Da mesma forma, a proporção de clientes inadimplentes resulta do processo de contagem desses clientes dividido pelo total de clientes e, portanto, é uma variável discreta.

Variáveis mensuráveis como temperatura da região, idade da empresa ou tempo como cliente são grandezas contínuas. Entre dois valores da temperatura sempre é possível ter um terceiro valor. Em geral, as variáveis são medidas em escalas discretas (por exemplo, anos completos ou graus Celsius) mas são consideradas contínuas devido à sua natureza.

Em outros casos, apesar da variável ser discreta, como ela poder assumir um grande número de valores distintos, é tratada como se fosse contínua. Por exemplo, valores monetários como faturamento e vendas em reais resultam do processo de contagem, índices financeiros como liquidez e endividamento, correspondem ao quociente de duas variáveis discretas. No entanto, são normalmente tratados como variáveis contínuas.

As variáveis qualitativas são aquelas que não podem ser expressas em uma escala numérica correspondente a quantidades. Elas apresentam duas ou mais categorias que podem ser ordenadas ou não.

As variáveis qualitativas ordinais apresentam categorias que têm uma ordenação natural. Por exemplo, o grau de instrução é uma variável que se pode ordenar. Primeiro vem o curso fundamental, depois o ensino médio, a graduação, o mestrado e o doutorado. A variável que representa o nível hierárquico de um funcionário também é uma variável qualitativa ordinal.

As variáveis qualitativas nominais não apresentam uma ordenação natural. Por exemplo, o setor de atuação de uma empresa, o CEP da localização da matriz, o sexo de um cliente ou sua caracterização como bom ou mau pagador não apresentam ordenação das diferentes categorias.

O leitor deverá tomar cuidado com uma situação comum. As diferentes categorias de uma variável qualitativa são muitas vezes representadas por números. Por exemplo, para facilitar a imputação de dados, podemos associar um número a cada categoria. O estado civil solteiro é representado pelo número 1; casado, pelo número 2; separado, pelo número 3 etc. Note, no entanto, que esses números são códigos e não quantidades e, consequentemente, a variável estado civil não pode ser tratada como se fosse quantitativa. Da mesma forma, o CGP de uma localidade é expresso em números, mas é uma variável qualitativa, pois não expressam quantidades.

EXERCÍCIOS

1. Considere a ficha cadastral de um cliente que deseja abrir uma conta em um banco. Cite três exemplos de variáveis discretas e três exemplos de variáveis contínuas constantes nessa ficha.
2. Na planilha de dados MANOLI, caracterize os diferentes tipos de variáveis.
3. Na planilha de dados GVSHOP, caracterize os diferentes tipos de variáveis.

Capítulo 2

DISTRIBUIÇÃO DE FREQUÊNCIAS

INTRODUÇÃO

Ao analisar uma variável, o primeiro passo é verificar como se "comportam" os diferentes valores que essa variável pode assumir. A distribuição de frequências de uma variável mostra quantas vezes determinado valor da variável ocorre no conjunto de dados em questão. Pode ser representada por uma tabela ou por um gráfico.

Neste capítulo apresentaremos alguns exemplos de distribuições de frequências e a forma de analisá-las. Essas distribuições podem ser obtidas com auxílio de softwares estatísticos ou da Tabela Dinâmica do Excel. Para ilustrar os diferentes tipos de distribuições de frequências que serão apresentados a seguir vamos considerar a base de dados da TELETANG.

2.1 DISTRIBUIÇÃO DE FREQUÊNCIAS DE UMA VARIÁVEL QUALITATIVA NOMINAL

Inicialmente, vamos analisar a distribuição de frequências da variável qualitativa SETOR. É uma variável qualitativa nominal. Não é uma variável ordinal, pois as diferentes categorias de SETOR não apresentam uma estrutura de ordem. As categorias são IND (Indústria), COM (Comércio) e SERV (Serviços). A forma tabular da distribuição de frequências da variável SETOR, apresentada na Tabela 2.1, foi obtida com a Tabela Dinâmica do Excel.

TABELA 2.1 DISTRIBUIÇÃO DE FREQUÊNCIAS DE "SETOR"

SETOR	f	p[1]
COM	152	0,43
IND	120	0,34
SERV	78	0,22

Para cada possível categoria de SETOR, a tabela indica a frequência absoluta (f) e a frequência relativa ou proporção (p = f / n = f / 350). A frequência relativa pode ser expressa como uma porcentagem. Graficamente, utilizando um diagrama de barras, obtemos a Figura 2.1.

FIGURA 2.1 DIAGRAMA DE BARRAS PARA SETOR

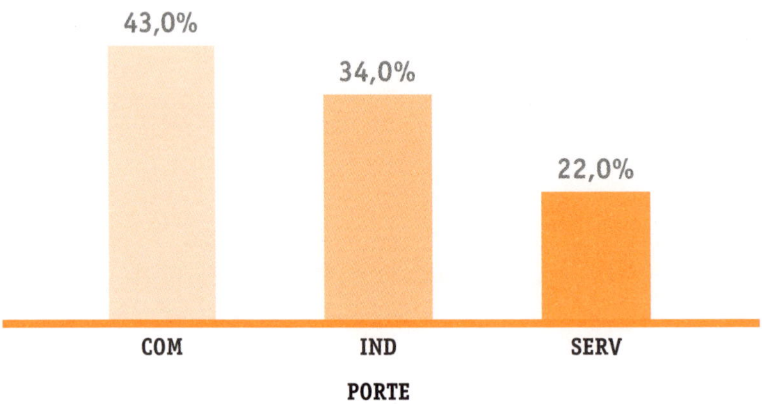

1 Duas casas decimais são suficientes para analisar e interpretar as diferenças entre setores.

Observamos uma clara predominância (43%) do setor comercial; o segmento com menor número de clientes é o de serviços (22%).

Para o caso de variáveis qualitativas não ordinais uma representação gráfica alternativa é o diagrama circular (também denominado "torta" ou "pizza"). O gráfico encontra-se na Figura 2. 2. Não recomendamos essa representação gráfica para outros tipos de variáveis.

FIGURA 2.2 DIAGRAMA CIRCULAR DE SETOR

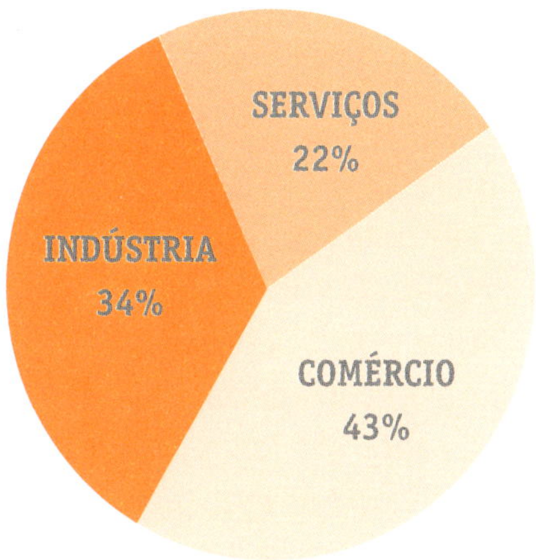

NOTAS COMPLEMENTARES

1. As frequências relativas podem ser vistas como probabilidades. A probabilidade de que um cliente da amostra, selecionado aleatoriamente, seja do SETOR = IND é igual a p(IND) = 0,34. Na realidade, esse valor, calculado a partir de uma amostra, é a estimativa da probabilidade de que um cliente da TELETANG, escolhido ao acaso, seja do setor IND.
2. A menos que haja menção em contrário, iremos intercambiar as expressões *proporção*, *probabilidade* e *porcentagem* de um resultado. Neste texto, cujo objetivo é a análise exploratória de dados, não formalizaremos a teoria das probabilidades.
3. O valor 0,43 é uma estimativa da proporção de empresas comerciais clientes da TELETANG. Não podemos afirmar que "aproximadamente" 43% da clientela é constituída por empresas comerciais. Valor estimado e valor aproximado são coisas distintas. Valor estimado é o valor amostral do parâmetro de

interesse. No caso, esse parâmetro é a proporção p de empresas comerciais clientes da TELETANG. Valor aproximado significa como o nome indica, um valor próximo a 0,43. É um conceito aritmético e nada tem a ver com o processo de estimação a partir de uma amostra. Ao utilizar uma amostra aleatória para estimar o valor p podemos obter estimativas **(p)** bem distantes das proporções populacionais π. Isso significa que o valor 43% pode estar bem afastado de p. Quanto maior a amostra, mais provável que a estimativa (0,43) esteja próxima do verdadeiro valor π.

4. Se para algumas empresas o SETOR não fosse informado, os valores estariam em branco na base de dados ("dados omissos" ou, em inglês, "missing values"). Podemos agir de duas formas: encontrar a distribuição de frequências dos dados informados, excluindo os dados omissos ou apresentar a distribuição de frequências da variável considerando "Em branco" como uma possível categoria da variável. Recomendamos a segunda alternativa. No caso de utilizarmos a primeira alternativa, é importante que fique claro que os dados omissos não foram considerados. Alguns softwares apresentam as duas formas de tabulação.
5. Como já discutimos anteriormente, o analista deve investigar os motivos de ocorrência dos dados omissos, especialmente se sua ocorrência sugerir algum tipo de informação adicional. Por exemplo, a ocorrência dos dados omissos para a variável SETOR pode ser maior para empresas de determinada região. Entender o porquê desse padrão de ocorrência pode contribuir para mais bem entender o comportamento dos dados.

2.2 DISTRIBUIÇÃO DE FREQUÊNCIAS DE UMA VARIÁVEL QUALITATIVA ORDINAL

As empresas clientes da TELETANG foram classificadas de acordo com o porte em: MP – muito pequenas; PQ – pequenas e MD – médias, de acordo com seu faturamento. Como a variável PORTE apresenta uma estrutura de ordem, é dita variável qualitativa ordinal. Sua distribuição de frequências é apresentada na Tabela 2.2 e representada graficamente com o diagrama de barras na Figura 2.3

TABELA 2.2 DISTRIBUIÇÃO DE FREQUÊNCIAS DE "PORTE"

PORTE	f	p
MP	103	0,29
PQ	115	0,33
MD	132	0,38
Total	350	1,00

FIGURA 2.3 DIAGRAMA DE BARRAS DE "PORTE"

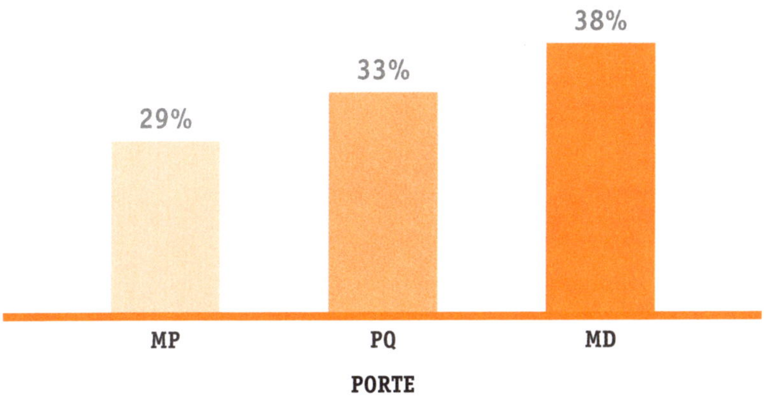

Para facilitar a interpretação do diagrama de barras, o posicionamento das barras deve respeitar a ordenação da variável (ou seja, da categoria de menor para a de maior ordem).

NOTAS COMPLEMENTARES

1. Caso haja dados omissos ("valores em branco") essa categoria deverá ser representada no diagrama, antes da primeira ou depois da última categoria.
2. O diagrama circular não é recomendado para variáveis ordinais, posto que o círculo não propicia a noção de início e fim, ou seja, de ordenação.

2.3 DISTRIBUIÇÃO DE FREQUÊNCIAS DE UMA VARIÁVEL QUANTITATIVA DISCRETA (I)

A variável NUMFUNC (Número de funcionários) é uma variável quantitativa discreta. Resulta de um processo de contagem. Teoricamente pode assumir qualquer valor inteiro maior ou igual a zero. Em nossa amostra os valores registrados e suas respectivas frequências são dados a seguir na Tabela 2.3. A representação gráfica adequada é o diagrama de barras, apresentado na Figura 2.4.

TABELA 2.3 DISTRIBUIÇÃO DE FREQUÊNCIAS DE "NUMFUNC"

NUMFUNC	f	p
0	28	0,080
1	59	0,169
2	67	0,191
3	47	0,134
4	42	0,120
5	23	0,066
6	17	0,049
7	27	0,077
8	14	0,040
9	17	0,049
10	7	0,020
11	0	0,000
12	2	0,006

FIGURA 2.4 DIAGRAMA DE BARRAS DE "NUMFUNC"

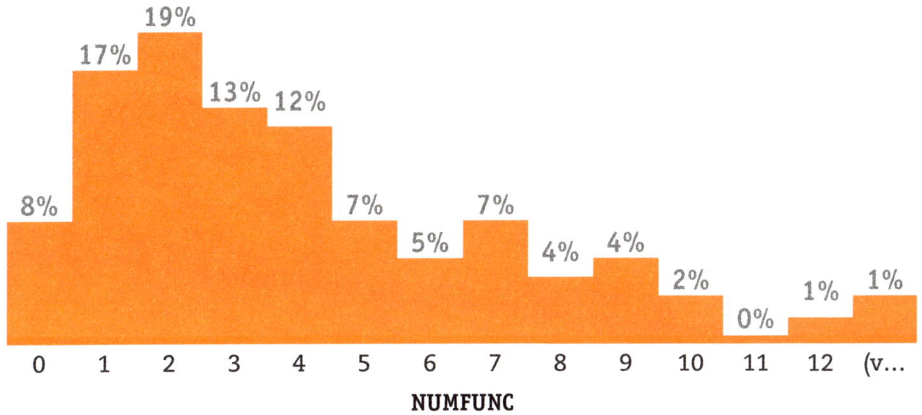

Analisando o gráfico observamos que aproximadamente 60% dos clientes na amostra têm 1 a 4 funcionários. A distribuição é assimétrica à direita, ou seja, à medida que aumenta o número de dependentes menor é a frequência de clientes. A última barra representa os clientes que não responderam a esse quesito na ficha cadastral. Eventualmente poderíamos optar por não considerá-los no gráfico.[2] As frequências teriam que ser recalculadas considerando apenas os clientes que informaram o número de funcionários. Além do mais, devemos verificar se, devido à inconsistência na imputação de dados, os dados em branco não correspondem a empresas com zero funcionários.

NOTAS COMPLEMENTARES

1. Note que, apesar de nenhuma empresa ter 11 clientes, esse valor intermediário foi sinalizado na tabela e no gráfico.
2. Em muitas situações, quando a frequência de valores acima de determinado número é pequena e esses valores estão muito dispersos, costuma-se agrupá-los na última categoria. Se tivéssemos poucos casos com 12 ou mais funcionários (por exemplo, um caso com 16 funcionários, dois casos com 19 funcionários e um caso com 20 funcionários), poderíamos agrupá-los na categoria "12 ou +". Evidentemente, como esses valores são discrepantes

2 Neste caso, o analista deve informar o leitor que os dados em branco foram omitidos e as frequências relativas calculadas apenas para os valores informados.

quando comparados com os demais da amostra, valeria a pena investigar a razão de sua ocorrência. Eventualmente, esses *outliers* poderiam ser resultantes de erros de digitação (nesse caso deveriam ser corrigidos se o valor correto estivesse disponível).

2.4 DISTRIBUIÇÃO DE FREQUÊNCIAS DE UMA VARIÁVEL QUANTITATIVA DISCRETA (II)

A variável TEMPOCLI mede há quanto tempo a empresa é cliente da TELETANG. O sistema mede esse tempo em dias, divide esse total por 30 e arredonda o resultado para o inteiro mais próximo. Da forma como é expressa, em inteiros, trata-se de uma variável discreta, que pode assumir, em meses, os valores 6, 7, 8... Lembre-se de que na amostra somente foram incluídas empresas que são clientes há seis meses ou mais.

A representação gráfica apropriada da distribuição de frequências da variável discreta TEMPOCLI, como vimos na aplicação anterior, é o diagrama de barras. Ele é apresentado na Figura 2.5

FIGURA 2.5 DISTRIBUIÇÃO DE FREQUÊNCIAS DE TEMPOCLI

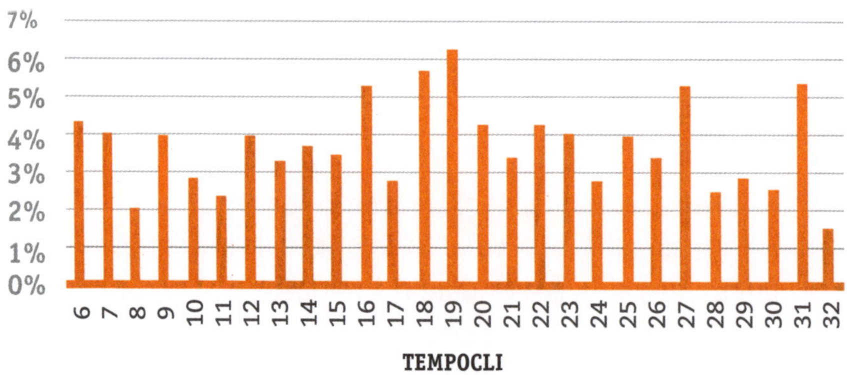

Como o número de possíveis valores assumidos por essa variável é grande (27 valores distintos), costuma-se agrupá-los em "classes de frequências" para simplificar a análise e interpretação dos dados. Por exemplo, se agruparmos os dados em classes de amplitude 4, teremos a distribuição apresentada no gráfico da Figura 2.6

FIGURA 2.6 DISTRIBUIÇÃO DE FREQUÊNCIAS DE TEMPOCLI

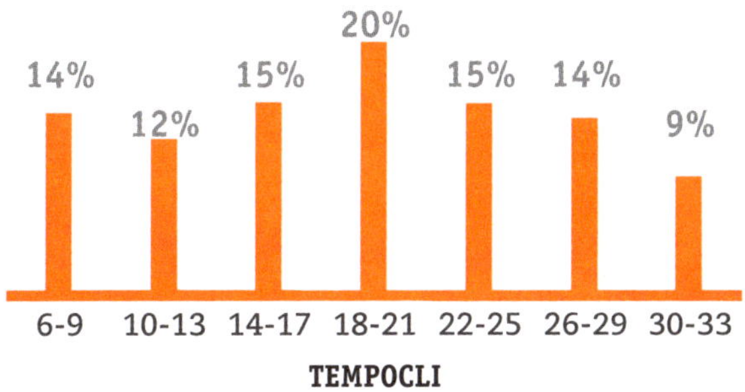

É mais fácil analisar a variação de TEMPOCLI após o agrupamento em classes. Aparentemente, o período com menor número de novos clientes foi no início das operações da TELETANG (de 30 a 33 meses atrás), o que é razoável, posto que se tratava de uma nova operadora no mercado. Notamos que a maior frequência ocorre na classe que vai de 18 a 21 meses (18-19-20-21). A ocorrência de uma barra mais alta que as demais pode sinalizar que nesse período foi feito um esforço de vendas para aumentar significativamente a base de clientes. Pode, eventualmente, ser uma peculiaridade da amostra selecionada.

NOTAS COMPLEMENTARES

1. A primeira dificuldade reside em decidir em quantas classes vamos agrupar os dados. Equivalentemente, isso corresponde a decidir qual a amplitude de cada classe. Denotaremos por k o número de classes e por h a amplitude das classes. Não há uma regra única para esse fim. Se o número de classes for muito pequeno, perderemos informação, podendo camuflar variações interessantes na distribuição de frequências. Por outro lado, um grande número de classes não contribui com o objetivo de ter uma melhor visualização da distribuição de valores. Em geral, recomenda-se tomar de 5 a 25 classes de frequências.
2. Uma regra sugerida por alguns autores é que o número de classes deve ser próximo da raiz quadrada de n, o tamanho

da amostra. No caso da TELETANG, como a amostra tem 350 indivíduos, a sugestão seria de aproximadamente 19 classes. É claro que esse número é "gigante" tendo em vista que só temos 27 valores distintos. Por esse motivo, preferimos trabalhar com um número de classes igual a 7, escolhido arbitrariamente.

3. Como a amplitude da amostra é igual a 26 (= 32 – 6), poderíamos pensar em classes de amplitude (26 +1) / 7 = 3,86. Somamos 1 posto que a distribuição de classes deve incorporar os valores extremos. Preferimos trabalhar com o valor inteiro h = 4 por simplicidade.
4. Apesar de o maior valor de TEMPOCLI ser 32, a última classe termina em 33. Esse fato, decorrente de termos tomado classes de amplitude 4, não afeta a análise da distribuição.
5. Não recomendamos trabalhar com classes de amplitude diferente, a menos em casos excepcionais em que os valores extremos, muito dispersos, tenham que ser agrupados em uma única classe.

2.5 REPRESENTAÇÃO DE TEMPOCLI COMO VARIÁVEL CONTÍNUA

Já discutimos no início da seção anterior a obtenção de TEMPOCLI, que contempla o arredondamento do valor calculado. Na realidade, quando TEMPOCLI = t, em meses, significa que essa empresa é cliente da TELETANG há um período entre t - 0,5 e t + 0,5 meses. Por exemplo, se para uma empresa TEMPOCLI = 18, o tempo real em que essa empresa é cliente está entre 17,5 e 18,5 meses. Considerando esse raciocínio, podemos tabular a distribuição de TEMPOCLI como segue, na Tabela 2.4

TABELA 2.4 DISTRIBUIÇÃO DE FREQUÊNCIAS DE TEMPOCLI

TEMPOCLI (registrado)	TEMPOCLI (real)	f	p
6-9	5,5 - 9,5	50	14,29%
10-13	9,5 - 13,5	43	12,29%
14-17	13,5 - 17,5	53	15,14%
18-21	17,5 - 21,5	69	19,71%
22-25	21,5 - 25,5	53	15,14%
26-29	25,5 - 29,5	49	14,00%
30-33	29,5 - 33,5	33	9,43%

As frequências são as mesmas, pois a única modificação foi a forma de escrever os "limites das classes". Na primeira classe (6-9), por exemplo, caem os valores 6, 7, 8 e 9. Na classe modificada (5,5 – 9,5) caem exatamente os mesmos valores.

Essa mudança na forma de tratar os valores dos limites de classe de TEMPOCLI não é apenas uma simples alteração da codificação. O fim de uma classe coincide com o início da classe seguinte, dando ideia de continuidade. Estamos tratando a variável TEMPOCLI como uma variável contínua que pode assumir qualquer valor no intervalo de 5,5 a 9,5. Tratando-se de uma medida de tempo, grandeza contínua por natureza, essa nova forma de tratar a variável é adequada.

A representação gráfica nesse caso, denominada histograma, é similar ao diagrama de barras, mas as barras são adjacentes, o que dá ideia de continuidade. Adiante, trataremos com mais detalhe dessa importante forma de representação gráfica. Por ora, apresentamos o histograma na Figura 2.7.

FIGURA 2. 7 HISTOGRAMA DE TEMPOCLI

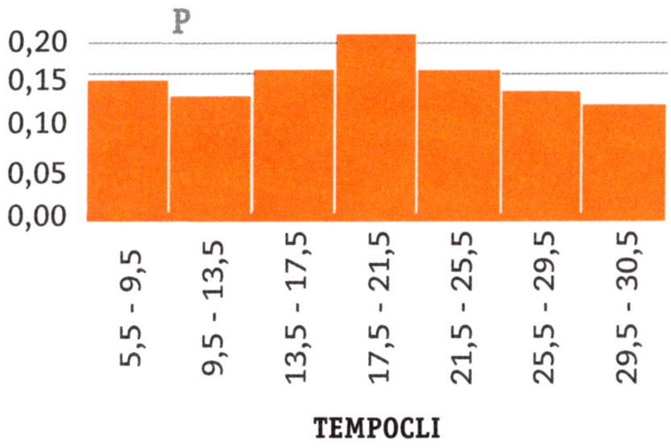

2.6 CONCEITO DE HISTOGRAMA

O histograma é a representação gráfica mais adequada da distribuição de frequências de uma variável contínua. Sua utilização estende-se para o caso de variáveis discretas com grande número de valores distintos.

Por exemplo, para TEMPOCLI, tempo de cliente medido em meses completos, utilizamos o histograma. Nesse caso, a variável é uma medida de tempo. O tempo, em essência, é uma grandeza contínua e, portanto, o uso do histograma se justifica.

Em outros casos utilizamos o histograma como uma aproximação, simplesmente porque é conveniente. Por exemplo, em administração é muito frequente a análise de valores monetários.

Esses valores são medidas discretas (a menor divisão é o centavo). No entanto, devido à grande quantidade de valores distintos que normalmente aparecem em um estudo envolvendo valores monetários, é conveniente agrupá-los em classes e representá-los via histograma.

Por definição, o histograma é constituído por uma série de k retângulos adjacentes cujas áreas (Ai, i = 1, ..., k) representam as frequências relativas das classes correspondentes. Em outras palavras, Ai = pi, i = 1, ..., k. Caso as classes sejam de mesma amplitude, teremos retângulos de mesma base e, consequentemente, a altura de cada retângulo será proporcional à frequência da classe. Podemos, pois, representar a altura de cada retângulo pela frequência da classe. Quando as classes são de amplitudes diferentes, essa proporcionalidade não existe e a altura não pode ser igualada à frequência. Temos que proceder de forma distinta.

Vamos ilustrar esse procedimento considerando a distribuição da variável TELCEL da TELETANG. A distribuição de frequências considerando 16 classes de amplitude 100 é apresentada, à esquerda, na Tabela 2.5. Notamos que nas últimas células temos frequências muito pequenas. Poderíamos agrupar as 8 últimas classes, gerando uma classe única de 800 a 1600.

TABELA 2.5 DISTRIBUIÇÃO DE FREQUÊNCIAS DE TELCEL

TEMPOCLI (registrado)	TEMPOCLI (real)	f	p
6-9	5,5 - 9,5	50	14,29%
10-13	9,5 - 13,5	43	12,29%
14-17	13,5 - 17,5	53	15,14%
18-21	17,5 - 21,5	69	19,71%
22-25	21,5 - 25,5	53	15,14%
26-29	25,5 - 29,5	49	14,00%
30-33	29,5 - 33,5	33	9,43%

Para construir o histograma temos que calcular a densidade de frequência.[2] Se pi é a frequência relativa da classe i (i = 1, ..., k) e hi a amplitude dessa classe, definimos densidade de frequência da classe i ao quociente:

$$d_i = \frac{p_i}{h_i}, \quad i = 1, \ldots, k$$

Por exemplo, para a segunda classe, que vai de 100 a 200, a amplitude é $h_2 = 100$ e a frequência relativa é $p_2 = 108/350 = 0{,}309$. A densidade será, portanto, $d_2 = 0{,}309/100 = 0{,}00309$. Para a última classe, de amplitude 800, $p_9 = 14/350 = 0{,}040$, e a densidade de frequência é $d_8 = 0{,}040/800 = 0{,}00005$.

Os cálculos para a distribuição de frequências de TELCEL encontram-se na Tabela 2.6. O histograma correspondente encontra-se na Figura 2.8.

Recomendamos que o uso de classes de amplitude distinta seja evitado sempre que possível, ou seja, deve ser usado apenas quando a interpretação do comportamento dos dados for prejudicada pelo grande número de vazios nas extremidades do histograma.

TABELA 2.6 DENSIDADE DE FREQUÊNCIAS DE TELCEL

TELCEL	f	p	d
0 - 100	63	0,180	0,00180
100 - 200	108	0,309	0,00309
200 - 300	69	0,197	0,00197
300 - 400	28	0,080	0,00080
400 - 500	28	0,080	0,00080
500 - 600	22	0,063	0,00063
600 - 700	9	0,026	0,00026
700 - 800	9	0,026	0,00026
800 - 1600	14	0,040	0,00005
TOTAL	**350**	**1.000**	

2 A densidade de frequência é um importante conceito na definição das distribuições teóricas de frequências. Conduz ao conceito da função densidade de probabilidade, que ocupa papel central no estudo das distribuições das variáveis contínuas.

FIGURA 2.8 HISTOGRAMA DE TELCEL

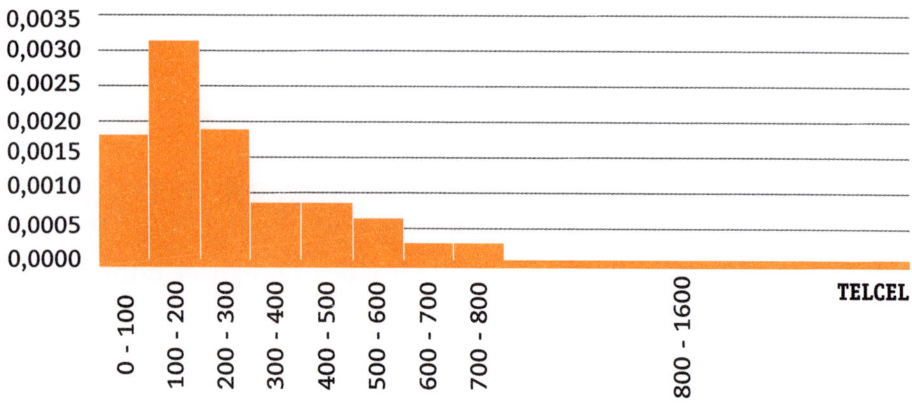

2.7 ANALISANDO DISTRIBUIÇÕES DE FREQUÊNCIAS

Ao analisar as representações gráficas de um conjunto de dados, o objetivo é compreender e "sentir" como se comportam os diferentes valores da variável que estamos estudando. Entender o porquê desse comportamento, à luz do contexto do problema, é importante para tomar boas decisões.

Vamos analisar alguns padrões usuais de distribuições de frequências. Elas se aplicam tanto para a análise de um diagrama de barras quanto para um histograma. Os exemplos não se restringem à TELETANG.

2.7.1 DISTRIBUIÇÃO UNIFORME

A distribuição de frequências da Unidade da Federação (UF) onde se localizam as matrizes dos principais clientes de um grande atacadista é representada graficamente na Figura 2.9.

FIGURA 2.9 DISTRIBUIÇÃO DE FREQUÊNCIAS DA VARIÁVEL UF

Observamos que a porcentagem de matrizes das empresas clientes em cada estado é praticamente a mesma. Não há uma predominância significativa de um ou outro estado. Diremos, então, que as UF se distribuem uniformemente.

2.7.2 DISTRIBUIÇÃO "NORMAL" OU "DE GAUSS"

Os tempos (T, em minutos) que um analista de crédito de uma loja de departamentos levou para analisar cada uma de 140 propostas de financiamento das compras foram registrados e deram origem ao histograma seguinte.

FIGURA 2.10 DISTRIBUIÇÃO DE FREQUÊNCIAS DA VARIÁVEL T

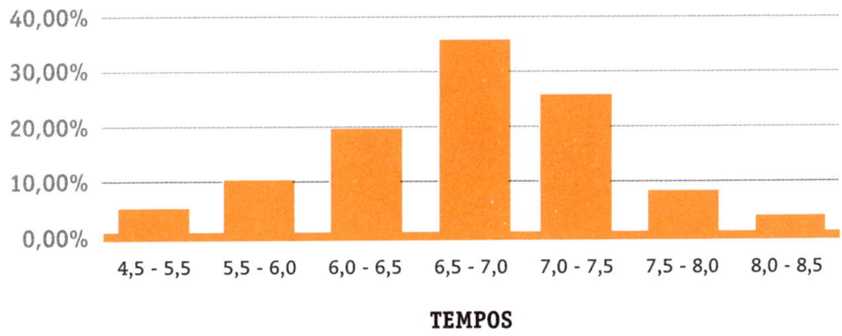

Observamos que o histograma é aproximadamente simétrico em relação a um eixo central. A maior parte dos valores se concentra na parte central da distribuição e, à medida que nos afastamos do centro. a frequência, decai dos dois lados do histograma. Esse tipo de distribuição é por muitos denominada distribuição "normal".[3]

A forma de um histograma pode ser representada por uma função matemática. Essa função é denominada função densidade de probabilidade. No caso desse exemplo, a função densidade que representa esse comportamento é conhecida por Distribuição de Gauss ou, popularmente, "curva do sino".

3 A denominação é bastante infeliz, pois leva a crer que as outras possíveis distribuições encontradas na prática sejam "anormais". Especialmente na área de administração, grande parte das distribuições analisadas, se não a maioria, tem comportamento bem distinto da "normal".

2.7.3 DISTRIBUIÇÕES ASSIMÉTRICAS

O número de chamadas ao Serviço de Atendimento ao Cliente (SAC) de uma empresa farmacêutica, no período de uma hora, foi registrado durante uma semana. O diagrama de barras correspondente encontra-se na Figura 2.11.

FIGURA 2.11 DISTRIBUIÇÃO DE FREQUÊNCIAS DO NÚMERO DE CHAMADAS

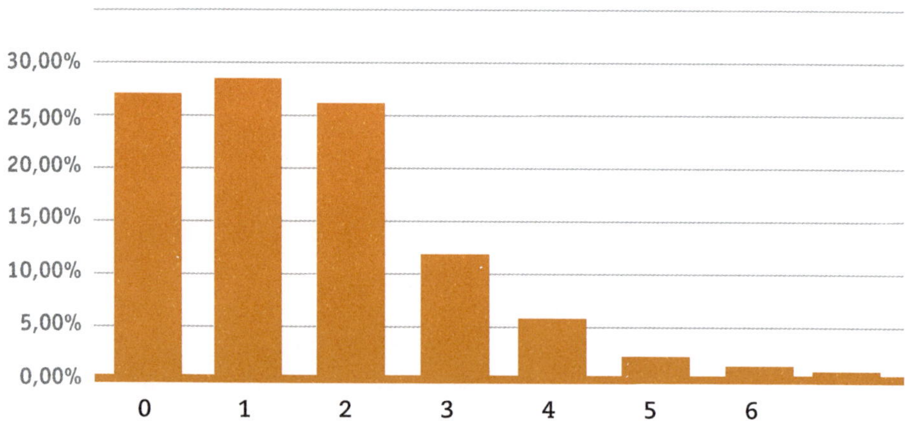

Observamos que há uma maior concentração de 0 a 2 chamadas horárias. A frequência do número de chamadas diminui à medida que o número aumenta. Raramente temos 5 ou mais chamadas. A distribuição acima, bastante comum em processos de contagem de eventos como número de chamadas, número de acidentes em uma indústria, número de automóveis por família etc. é dita assimétrica à direita. O comportamento dessa variável discreta pode ser representado por uma função matemática (função de probabilidade) que a cada valor da variável associa sua probabilidade de ocorrência.

Outro exemplo de distribuição assimétrica é dado a seguir. A variável em questão é a idade dos associados de um sindicato que apresentam despesas de internação hospitalar para reembolso pela seguradora conveniada. A distribuição de frequências ilustrada na Figura 2.12 é assimétrica à esquerda. Nesse caso, como seria de esperar, a maior incidência é de pessoas com mais idade.

FIGURA 2.12 DISTRIBUIÇÃO DE FREQUÊNCIAS DA VARIÁVEL IDADE

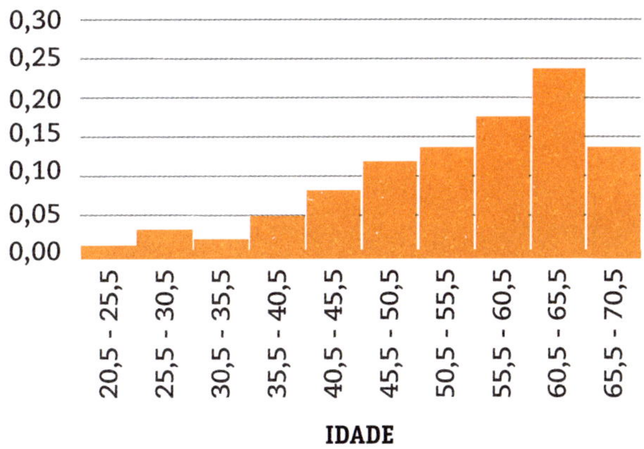

2.7.4 DISTRIBUIÇÃO "BIMODAL"

Um índice de produtividade horária (YIELD) foi medido em uma linha de produção de uma indústria que opera 24 horas sem interrupção. Após dois meses os valores desse índice foram analisados pela engenharia da fábrica. A distribuição de frequências é dada a seguir.

FIGURA 2.13 DISTRIBUIÇÃO DE FREQUÊNCIAS DE YIELD

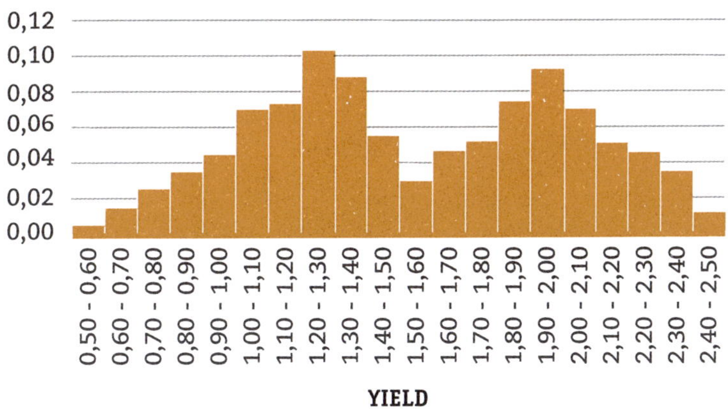

Esse gráfico apresenta um comportamento singular. Observa-se que temos uma concentração em torno do valor 1,25 e outra concentração em torno do valor 1,95. Quando isso ocorre, um dos possíveis motivos é que os dados retratem situações distintas. Por exemplo, nesse caso, os engenheiros desconfiaram de que essa bimodalidade talvez fosse em virtude de terem mesclado os resultados do turno diurno e do turno noturno. Analisando os dados dos dois turnos separadamente, concluíram que a diferença entre turnos era realmente grande, gerando essa bimodalidade. Em geral, convém analisar os dados de cada estrato separadamente.

Gráficos multimodais (duas ou mais corcovas) devem ser analisados com cuidado, procurando-se identificar a razão desse comportamento.

Outro caso interessante de comportamento bimodal foi obtido ao analisar o número de meses ("tempo de cliente") que uma empresa era cliente de um banco de médio porte. A Figura 2.14 mostra claramente que houve um esforço de obtenção de clientes nos primeiros anos de funcionamento do banco (clientes mais antigos), seguida de uma época em que o quadro de clientes não apresentou grande crescimento e, posteriormente, houve um novo crescimento significativo no número de clientes.

FIGURA 2.14 DISTRIBUIÇÃO DOS TEMPOS DE CLIENTE EM BANCO DE PORTE MÉDIO

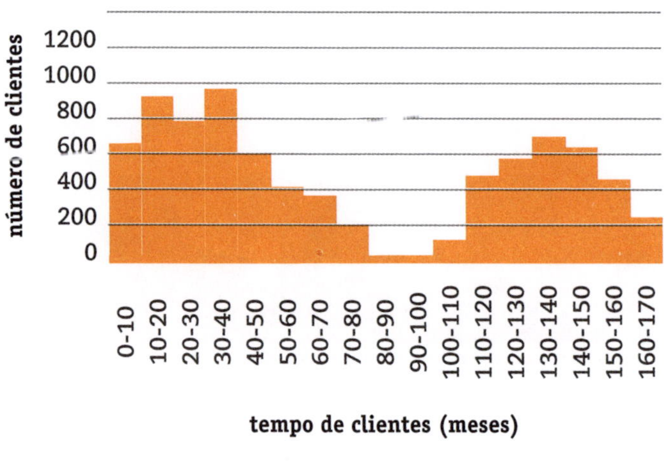

2.7.5 DISTRIBUIÇÃO EM "U" OU "CURVA DA BANHEIRA"

Uma empresa telefônica, preocupada com a alta inadimplência dos usuários (pessoas físicas) de sua banda larga, decidiu analisar o perfil dos inadimplentes. Uma das variáveis analisadas foi o Número de Horas Semanais que o cliente utiliza esse serviço. A representação gráfica, na Figura 2.15 mostrou um resultado curioso, não esperado pela empresa.

Clientes com baixo uso ou com alto uso da banda larga apresentam uma maior proporção de inadimplentes. Os analistas não têm uma razão muito clara para justificar esse comportamento. Provavelmente, o uso da banda larga esteja associado a outras características dos clientes, como profissão, o fato de trabalhar ou não em casa, estado civil, número de dependentes etc., que talvez permitam, individualmente ou combinadas entre si, explicar o porquê desse estranho comportamento.

FIGURA 2.15 DISTRIBUIÇÃO DE FREQUÊNCIAS DO NÚMERO DE HORAS SEMANAIS

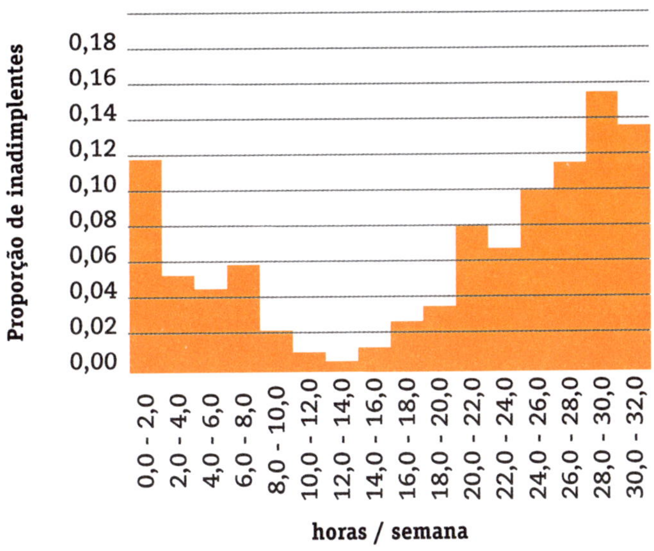

2.8 DIAGRAMA DE PONTOS (*DOT PLOT*)

O *dot plot*, apesar de não ser muito utilizado, é uma representação gráfica interessante. Por exemplo, consideremos a distribuição dos números de chamadas diárias (NUMCHM) ao help desk em uma grande empresa, no período de um mês (20 dias úteis). A distribuição dos valores e o correspondente *dot plot* são apresentados na Figura 2.16

FIGURA 2.16 DISTRIBUIÇÃO DE FREQUÊNCIAS DE NUMCHM E *DOT PLOT*

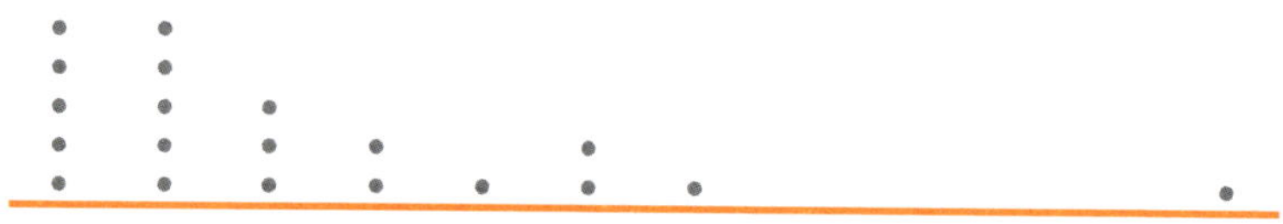

NUMCHM	4	5	6	7	8	9	10	11	12	13	14	15
f	5	5	3	2	1	2	1	0	0	0	0	1

Na realidade, o *dot plot* dá a mesma ideia de um diagrama de barras.[4] É geralmente utilizado quando o conjunto de dados contém pequeno número de indivíduos. Nada impede, no entanto, que o utilizemos mesmo com dados agrupados. Em alguns casos é útil para visualizar melhor a ocorrência de dados discrepantes (*outliers*) como é o caso do dia em que ocorreu 15 chamadas, número bem superior aos demais.

4 Para construí-lo com Excel, utilizamos a função REPT (" ";célula que contém a frequência) [ex. REPT(" ";B2), corresponde à célula B2; além disto, colocamos a direção do texto na vertical para que os símbolos " " fiquem empilhados.

EXERCÍCIOS

1. O número de chamados ao serviço de manutenção da fábrica GVTECH em 60 dias úteis consecutivos (cada semana corresponde a uma linha da tabela) é apresentado a seguir:

NUMCHM	2ª feira	3ª feira	4ª feira	5ª feira	6ª feira
1	1	2	3	0	2
2	4	3	2	2	2
3	1	2	0	2	4
4	3	2	3	2	1
5	1	2	4	1	2
6	1	1	2	0	2
7	0	4	2	2	0
8	2	0	2	1	feriado
9	2	2	1	3	3
10	2	1	4	1	0
11	1	2	2	1	4
12	4	1	3	2	4

a. Represente graficamente a distribuição de frequências do número de chamados e analise-a. Ignore o *missing value* da oitava semana.

b. O diagrama de barras permite dizer se o número de chamadas é maior em um dia da semana particular? Por quê?

c. Considerando que você tem os dados em ordem cronológica, que outro tipo de análise deveria fazer? Que tipo de informação você obteria?

d. Se você fosse "obrigado" a utilizar um valor no lugar do *missing value*, que valor utilizaria?

2. Oitenta clientes da empresa de assistência odontológica TOOTH foram selecionados aleatoriamente dentre os atendidos no mês de janeiro. Os custos dos tratamentos odontológicos desses pacientes, calculados em US$, são apresentados a seguir:

5,51	7,45	11,16	18,86	23,90	32,79	41,52	56,28
5,56	8,19	11,39	19,24	24,01	35,07	46,21	57,22
5,81	8,61	11,68	19,52	24,92	35,75	46,60	57,67
5,96	8,76	11,74	20,89	25,23	35,99	47,43	58,32
6,00	9,61	12,79	21,36	25,91	37,59	48,36	71,00
6,07	9,69	14,65	21,39	27,67	38,36	48,71	79,25
6,11	10,16	15,71	22,41	27,91	38,40	50,22	82,13
6,72	10,28	16,94	23,03	29,52	39,92	50,81	84,49
6,73	10,54	18,54	23,27	30,23	40,09	51,72	110,85
6,77	10,89	18,83	23,65	31,46	40,82	54,38	127,50

a. Construa um histograma para analisar a distribuição de frequências.

b. Comente quanto à forma da distribuição e seu significado neste estudo.

3. Um analista de crédito está estudando as características que distinguem as empresas que pagaram em dia (Tipo A) e as empresas que pagaram com atraso superior a 30 dias (Tipo B). Selecionou uma amostra aleatória de 50 empresas Tipo A e outra de 50 empresas Tipo B e, a partir de seus demonstrativos financeiros, calculou um determinado índice de liquidez. Os valores obtidos são dados a seguir, ordenados de forma crescente (leitura por colunas).

Tipo A

0,13	0,40	0,65	0,81	0,87	0,95	1,09	1,21	1,40	1,50
0,13	0,46	0,74	0,81	0,87	1,06	1,09	1,24	1,40	1,59
0,25	0,54	0,76	0,83	0,88	1,06	1,11	1,27	1,44	1,62
0,34	0,56	0,79	0,83	0,88	1,06	1,20	1,30	1,45	1,93
0,34	0,59	0,81	0,85	0,92	1,08	1,20	1,37	1,50	1,97

Tipo B

0,69	1,06	1,14	1,19	1,3	1,37	1,43	1,49	1,58	1,66
0,90	1,07	1,15	1,25	1,32	1,39	1,43	1,50	1,58	1,67
1,04	1,09	1,16	1,26	1,34	1,39	1,44	1,51	1,63	1,71
1,05	1,11	1,17	1,27	1,35	1,40	1,47	1,53	1,63	1,82
1,06	1,13	1,17	1,30	1,36	1,40	1,48	1,54	1,63	2,02

a. Com auxílio do histograma de cada distribuição, compare o comportamento dos índices para os dois tipos de empresas. (Sugestão: utilize a mesma divisão em classes para os dois tipos.)
b. Construa um histograma considerando simultaneamente os índices das duas empresas (como se fosse uma amostra de tamanho n = 100)

4. Considere os dados da planilha LOJAS DUMMY. Para cada uma das variáveis do banco de dados:
   a. Apresente em forma de tabela a distribuição de frequências.
   b. Represente-a graficamente
   c. Comente a forma da distribuição.

5. Considere os dados da planilha MANOLI. Para cada uma das variáveis do banco de dados:
   a. Apresente em forma de tabela a distribuição de frequências.
   b. Represente-a graficamente
   c. Comente a forma da distribuição.

6. Considere os dados da planilha DORELA. Para cada uma das variáveis do banco de dados:
   d. Apresente em forma de tabela a distribuição de frequências.
   e. Represente-a graficamente.
   f. Comente a forma da distribuição.

7. Considere os dados da planilha TELETANG. Para cada uma das variáveis do banco de dados:
   h. Apresente em forma de tabela a distribuição de frequências.
   i. Represente-a graficamente.
   j. Comente a forma da distribuição.

Capítulo 3

MEDIDAS DESCRITIVAS

INTRODUÇÃO

Para analisar um conjunto de dados, além das distribuições de frequências, é conveniente utilizar medidas descritivas. Essas medidas são usualmente classificadas como medidas de posição e medidas de dispersão.

As medidas de posição servem para "localizar" uma distribuição. Permitem comparar diferentes distribuições quanto à sua posição relativa. Por exemplo, permitem verificar se uma distribuição está mais à direita – valores maiores – ou mais à esquerda – valores menores que outra distribuição. Vamos estudar os percentis, em particular os quartis e a média aritmética.

As medidas de dispersão permitem ter uma ideia do grau de homogeneidade dos dados. Baixa dispersão significa que os dados são homogêneos, ou seja, estão "concentrados"; alta dispersão indica heterogeneidade dos dados, ou seja, que os dados estão muito "espalhados". Vamos analisar a amplitude, a variância e o desvio padrão, o desvio mediano centrado na mediana e o coeficiente de variação.

3.1 PERCENTIS DE UMA DISTRIBUIÇÃO DE FREQUÊNCIAS

O percentil de ordem k, P_k, é o valor tal que k% dos indivíduos da amostra apresentam valores menores ou iguais a P_k. Por exemplo, de P_{40}=118 significa que 40% dos indivíduos da amostra têm valores menores ou iguais a 118.

Para facilitar o entendimento do cálculo de percentis é conveniente trabalhar com um exemplo numérico. Consideremos uma amostra de 18 clientes da operadora de telefonia Teletang, selecionada aleatoriamente, e registremos suas despesas, em R$, com telefonia celular (variável Telcel).

QUADRO 3.1 VALORES DE TELCEL

39,03	159,92	519,56	97,45	559,73	194,84	206,22	240,49	106,12
214,53	182,16	141,95	804,33	184,14	56,33	244,50	377,02	233,29

Vamos ordenar esses valores obtendo a tabela a seguir.

QUADRO 3.2 VALORES ORDENADOS DE TELCEL

39,03	56,33	97,45	106,12	141,95	159,92	182,16	184,14	194,84
206,22	214,53	233,29	240.49	244,50	377,02	519,56	559,73	804,33

Para exemplificar o procedimento de cálculo, vamos determinar o "20º percentil" (P_{20}). É o valor tal que 20% dos clientes gastam P_{20} ou menos com telefonia celular. Para calcular $P_{20,}$ tomamos os dados já ordenados da Quadro 3.2 e calculamos 20% de n (tamanho do conjunto de dados). Em nosso exemplo, 20% de n é igual a 3,6. Teríamos que considerar os indivíduos na "posição 3,6º". Como 3,6 é um número fracionário, ninguém ocupa essa posição. Podemos agir de duas formas: interpolando linearmente entre os valores que ocupam a 3ª e 4ª posições (97,45 e 106,12, respectivamente) ou arredondando para o valor da posição imediatamente superior, ou seja, considerando o valor do indivíduo na 4ª posição. Vamos adotar esta última alternativa e, portanto, P_{20} = R$ 106,12.

O arredondamento é comum quando o número de dados não é grande. É provável que não obtenhamos um valor da amostra tal que exatamente k% da amostra seja igual ou menor a esse valor.

3.1.1 PROCEDIMENTO PARA CALCULAR Pk, O PERCENTIL DE ORDEM k:

- Ordenar os dados em ordem crescente.
- Calcular a posição **i** do percentil: i = (k/100) X n.
- Se i for um número inteiro, Pk será a média aritmética entre os valores dos indivíduos de ordem i e de ordem (i+1).
- Se i for um número fracionário, arredondar i para o inteiro superior a i. Pk é o valor que corresponde ao indivíduo que ocupa essa posição "i".

Por exemplo, se queremos calcular P_{70} teremos i = 0,7 × 18 = 12,6. Tomamos, portanto, o elemento que ocupa a 13ª posição, isto é, P_{70} = 240,49. Se desejamos calcular P_{50}, ou seja, o valor tal que 50% dos indivíduos da amostra gastam igual ou menos que P_{50}, procedemos de forma análoga. Teremos i = 0,50 × 18 = 9. Sendo 9 um número inteiro, tomamos a média entre o 9º e o 10º valor. Portanto, P_{50} = (194,84 + 206,22) / 2 = 200,53, ou seja, 50% dos clientes da amostra gastam menos de R$ 200,53.

As regras para determinação dos percentis podem variar entre autores e entre softwares; no entanto, todos os softwares conduzem a valores próximos entre si. Essas diferenças não afetam a análise ou interpretação dos dados. No caso de conjuntos com grande número de dados, essas diferenças são praticamente imperceptíveis.

3.1.2 OS QUARTIS

Alguns percentis recebem denominações especiais devido à sua importância na descrição de um conjunto de dados. P_{25} é denominado primeiro quartil e é usualmente denotado por Q1; P_{50} é denominada a mediana e é denotado por Q2 ou "md"; P_{75} é o terceiro quartil e é denotado por Q3.

O valor da mediana, calculado acima, é Q2 = R$ 200,53. A mediana também é denotada por "md". Para o primeiro quartil temos i = (25/100) X 18 = 4,50. Como i é fracionário, tomamos i = 5. Portanto, P_{25} = $141,95. Analogamente, teremos que P_{75} = $244,50, valor correspondente ao 14º indivíduo.

A distância entre o primeiro e terceiro quartis é denominada distância interquartílica e denotada pelas letras IQ. Assim, IQ = Q3 – Q1. A distância interquartílica é uma medida de dispersão dos dados e dá ideia da dispersão dos valores centrais da distribuição. Em nosso caso, os valores centrais se distribuem entre 141,95 e 244,50. IQ é, portanto, igual a 102,55.

NOTAS COMPLEMENTARES

1. Para determinar os valores do P_k não eliminamos os valores extremos, mesmo que sejam discrepantes.
2. Note que valores discrepantes não afetam o valor dos P_k. Dizemos que P_k é uma medida "robusta". Esta é uma propriedade importante dos percentis.
3. Analisando os quartis temos uma excelente ideia dos dados. Percebemos os 25% menores, os 25% maiores e os 50% valores centrais. Adiante veremos como construir um gráfico com base nestes percentis.

QUADRO 3.3 DISTRIBUIÇÃO DOS DADOS DE TELCEL

~ 25% abaixo de 141,95	~50% entre 141,95 e 244,50	~ 25% acima de 244,50

4. Se calculássemos os quartis para todos os 350 indivíduos da base de dados da TELETANG, teríamos Q1 = \$119,32; Q2 = \$204,73 e Q3 = \$368,13. Deixamos a cargo do leitor verificar esses cálculos.

3.2 *BOX PLOT* DA DISTRIBUIÇÃO DE DESPESAS COM TELEFONIA CELULAR (TELCEL)

Utilizando os quartis e os extremos de um conjunto de dados, podemos construir um gráfico denominado *box plot*. Ele é extremamente útil para visualizar a distribuição de frequências de uma variável e, principalmente, para comparar diferentes distribuições de frequências.

Por exemplo, se desejamos comparar as distribuições de frequências das receitas diárias de dez filiais de uma empresa, a comparação dos histogramas é complexa, pois deveremos ter barras com cores diferentes para cada filial e a figura final ficará muito confusa. Por outro lado, fazer essa comparação como os *box plots* é muito simples.

3.2.1 PROCEDIMENTO PARA CONSTRUIR UM *BOX PLOT*

- Ordenar os dados em ordem crescente.
- Determinar o maior valor (MAX) e o menor valor (MIN) e calcular os quartis.
- Calcular IQ = Q3 – Q1 (distância interquartílica). Calcular J = 1,5 X IQ.
- Calcular a Cerca Superior (CS): CS = Mínimo entre (Q3 + J) e MAX.
- Calcular a Cerca Inferior (CI): CS = Máximo entre (Q1 - J) e MIN.
- Construir o gráfico. A "caixa" será delimitada pelos quartis Q1 e Q3. Os "bigodes" iniciam nas laterais da caixa e estendem-se até o valor das cercas.
- Todos os valores externos às cercas são considerados discrepantes (*outliers*) e marcados com um asterisco ou outro sinal que os destaque.

Vamos aplicar esse procedimento aos nossos dados do Quadro 3.2.

- Os dados já estão ordenados. Temos MIN = $39,03; Q1 = $141,95; Q2 = $200,53; Q3 = $244,50; MAX = $804.33.
- Calculamos IQ = $102,55 e J = IQ × 1,5 = $153,83.
- Q3 + J = $398,33. Como esse valor é inferior ao maior valor da amostra, CS = $398,33. Temos três valores acima de $398,33.
- Q1 – J = -11,88. Como esse valor é inferior ao valor mínimo, CI = $39,03.

O *box plot* resultante, obtido com o software Smith´s Statistical Package (SSP)[1] é mostrado na Figura 3.1.

1 Disponível em: <http://www.economics.pomona.edu/StatSite/SSP.html>. Acesso em: jun. 2012.

FIGURA 3.1 *BOX PLOT* DE TELCEL

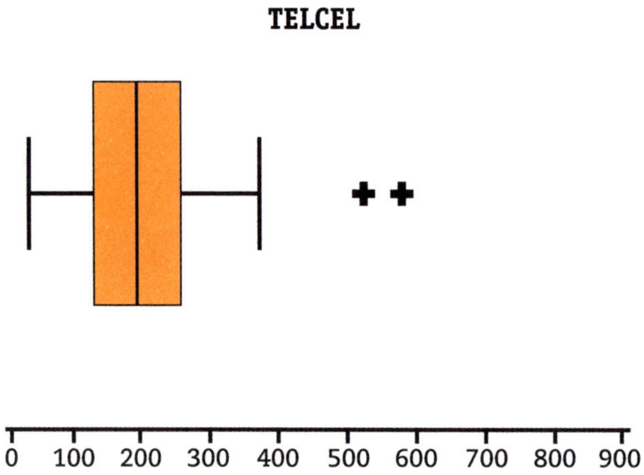

Analisando o *box plot,* verificamos que, a menos dos dados discrepantes, a distribuição é razoavelmente simétrica. A distribuição apresenta três dados discrepantes.

Para ilustrar a vantagem de comparar diferentes distribuições de frequências com o *box plot*, suponhamos que tomamos três amostras de empresas, uma de cada setor de atividade, COM, IND e SERV e calculamos os correspondentes valores de TELCEL. Obteremos o gráfico apresentado na Figura 3.2. Observamos que, excluindo os dados discrepantes, a dispersão e os valores de TELCEL dentro do setor SERV são inferiores aos dos demais setores. A diferença entre IND e COM não é tão marcante. As três distribuições são assimétricas à direita.

FIGURA 3.2 *BOX PLOTS* COMPARANDO TELCEL ENTRE SETORES

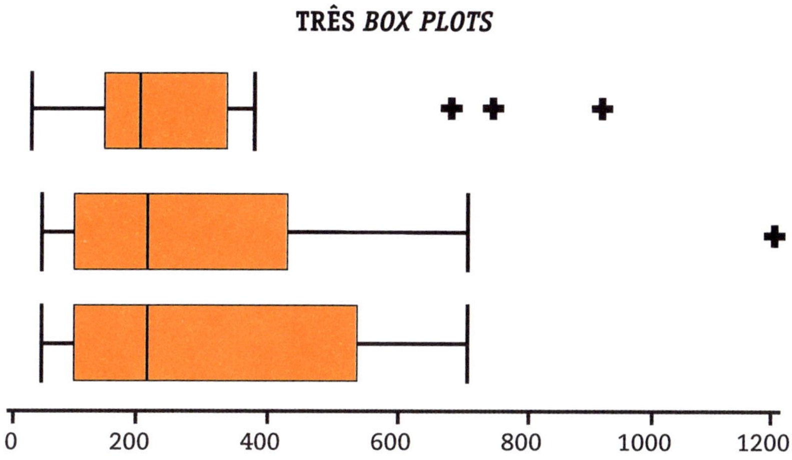

NOTAS COMPLEMENTARES

1. Outliers (ou dados discrepantes ou dados atípicos), como as próprias denominações expressam, são valores que diferem muito dos demais valores em estudo. Quando a análise visual dos dados ou a análise de um *box plot* sugere que alguns dos valores são outliers devemos verificar o porquê disso. Eles podem ocorrer devido a erros de codificação/digitação, problemas de amostragem ou simplesmente serem um resultado atípico justificável. Por exemplo, nada impede que um senhor de 94 anos participe de uma maratona, apesar de ser muito pouco provável. Talvez, se analisarmos as idades dos corredores, esse valor aparecerá como outlier.
2. Devemos reter ou eliminar ou "suavizar" um outlier? A decisão é, em geral, difícil e depende dos objetivos e das técnicas estatísticas a serem usadas (outliers podem comprometer os resultados e a interpretação de algumas medidas ou técnicas estatísticas). Como regra geral, nunca devemos eliminar um outlier sem analisar o motivo de sua ocorrência e devemos corrigi-lo, quando for o caso. Há situações em que a informação devida à análise de um outlier é muito importante para o problema em pauta. Se a origem do outlier não é detectada, podemos eventualmente eliminá-lo, mas é importante que façamos uma ressalva no relatório final reportando

esse fato. Alguns analistas, em situações especiais decidem "suavizar" o outlier. Por exemplo, no caso do exemplo anterior em que o maratonista tem 94 anos, eles substituem esse valor pela idade do maratonista mais velho que não é um outlier. Esse procedimento é discutível.

3. A construção do *box plot* baseia-se no comportamento de uma Distribuição de Gauss (curva em forma de sino). Como esse tipo de distribuição, simétrica, não é o mais usual em administração de empresas, devemos ter cuidado ao considerar uma observação como discrepante. No caso de distribuições assimétricas só devemos nos preocupar com pontos externos muito afastados das cercas do *box plot*. Por exemplo, os valores discrepantes que aparecem nos *box plots* de TELCEL para IND e para SERV na Figura 3.2 estão muito afastados e merecem que averiguemos sua origem.
4. Quando a distribuição de uma variável é assimétrica, pode ser mais interessante adotar um procedimento alternativo para desenhar o *box plot*. Os outliers são identificados visualmente (análise é subjetiva) observando os valores extremos da distribuição. As cercas do *box plot* são definidas de forma diferente: a cerca inferior CI é o menor valor da série que não é um outlier. A cerca superior CS é o maior valor da série que não é um outlier.

3.3 MÉDIA DE UMA DISTRIBUIÇÃO

A média aritmética, ou simplesmente média, é talvez a medida de posição mais utilizada. Sua interpretação, no entanto, é geralmente equivocada. Vamos inicialmente definir a média e depois discutir sua interpretação.

A média de um conjunto de valores (x_1, x_2, ..., x_n) é denotada por x-barra ( ). A fórmula para calcular a média é dada a seguir:

$$\bar{x} = \frac{\sum_{i=1}^{n} x_i}{n}$$

Quando não houver dúvida sobre o conjunto a que se refere à média, simplificaremos a notação não explicitando os índices da somatória.

Consideremos os dados do Quadro 3.1 que repetimos a seguir.

QUADRO 3.4 VALORES DE TELCEL

39,03	159,92	519,56	97,45	559,73	194,84	206,22	240,49	106,12
214,53	182,16	141,95	804,33	184,14	56,33	244,50	377,02	233,29

A soma desses 18 valores é igual a 4.561,61.

$$\bar{x} = \frac{\sum x}{n} = \frac{4561,61}{18} = 253,42$$

Se eliminarmos o outlier 804,33, o valor da média para os 17 valores restantes será igual a 221,02.

$$\bar{x} = \frac{\sum x}{n} = \frac{3757,28}{17} = 221,02$$

Esse valor é significativamente distinto do anterior. Esse exemplo permite ilustrar uma deficiência da média: quanto menor for o número de indivíduos no conjunto de valores estudado, maior será a influência dos outliers no cálculo da média aritmética.

A média, como dissemos, é frequentemente mal interpretada.[2] A título de exemplo damos as duas interpretações mais comuns e ilustramos suas falhas.

Consideremos, para efeito de ilustração, três conjuntos de dados com a mesma média:

2 Muitas são as anedotas que se contam em função da má interpretação da média. Por exemplo, uma pessoa se afogou em um rio cuja profundidade média é 10 cm; em um país, metade da população come dez frangos por mês e a outra metade não come frango; em média comem cinco frangos por mês e ninguém passa fome.

Conjunto (1) 2325 37 47 => $\overline{X}$ (1) = 33
Conjunto (2) 5 10 57 60 => $\overline{X}$ (2) = 33
Conjunto (3) 8 10 14 100 => $\overline{X}$ (3) = 33

A representação gráfica encontra-se na figura a seguir.

FIGURA 3.3 DISTRIBUIÇÃO DOS TRÊS CONJUNTOS DE DADOS

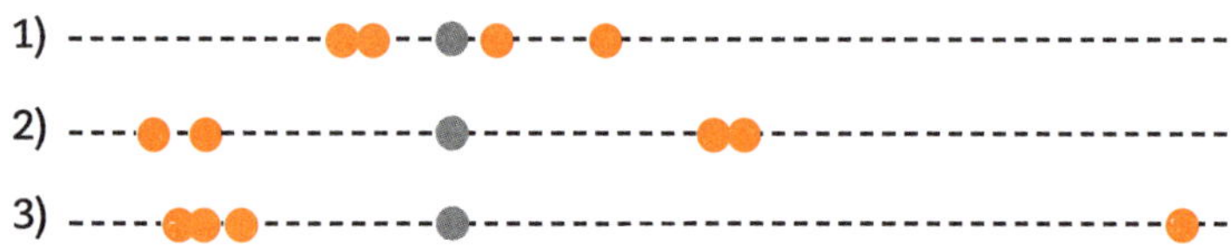

- **Erro 1:** "*a média é o valor mais frequente de um conjunto de dados*": basta verificar nos três exemplos de médias dados, que não só a média não é o valor mais frequente como não há nenhum valor do conjunto de dados que seja igual à média.
- **Erro 2:** "*a média é o centro de um conjunto de dados*": o problema reside em visualizar ou definir o que é o "centro" de um conjunto de dados. Por exemplo, no caso do terceiro conjunto de dados, qual seria o centro da distribuição? Nem sempre podemos definir um centro geométrico interessante para o conjunto de dados. Se pensarmos em termos de física, a média é o centro de gravidade da massa de pontos. Mas essa interpretação não tem valor para um administrador de empresas nem mesmo para um físico quando o objetivo é explorar as informações trazidas pelo conjunto de dados.

No caso dos conjuntos (1) e (2) as médias são iguais e são os centros geométricos das distribuições. Mesmo assim, notamos que essas duas distribuições são diferentes. No caso do conjunto (2) os dados estão mais dispersos que no caso do conjunto (1). Portanto, apenas a média não é suficiente para diferenciar dois conjuntos de dados. Mais adiante veremos as medidas de dispersão que, em conjunto com a média, nos dão uma melhor descrição dos dados.

3.3.1 PROPRIEDADES DA MÉDIA

Consideremos um conjunto de dados (x_1, x_2, ..., x_n) cuja média é $\overline{\mathbf{x}}$.

I. Se $x_1 = x_2 = ... = x_n = k$ è $\overline{\mathbf{x}}= k$ [a média de n valores iguais a k é igual a k]

II. Se q é uma constante, a média de (x_1+q, x_2+q,...,xn+q) é igual $\overline{\mathbf{x}}$+q [se somamos uma constante a todos os valores de um conjunto de dados, a média resultante é a média anterior mais q]

III. S (x - $\overline{\mathbf{x}}$) = 0 [a soma de todos os desvios em relação à média é igual a zero]

IV. Se q é uma constante, a média de (q.x_1, q.x_2,..., q.x_n) é igual q.$\overline{\mathbf{x}}$ [se multiplicamos todos os valores por uma constante q, a nova média é q vezes a média anterior]

V. Se $\overline{\mathbf{x}}$ é a média do conjunto de dados (x_1, x_2, ..., x_n) e $\overline{\mathbf{y}}$ a média do conjunto de dados (y_1, y_2, ..., y_n), então a média de (x_1+ y_1, x_2+ y_2, ..., x_n+ y_n) é igual a $\overline{\mathbf{x}}+\overline{\mathbf{y}}$.

Sugerimos ao leitor criar um conjunto de dados para verificar as propriedades numericamente. As demonstrações dessas propriedades é um exercício de álgebra; não serão apresentadas aqui.

NOTAS COMPLEMENTARES

1. Em muitas situações, quando lidamos com valores inteiros da variável em estudo, o valor da média pode não ser inteiro. Por exemplo, o número médio de filhos dos moradores de uma região pode ser igual a 2,4. A média de números inteiros não é necessariamente um número inteiro. E não devemos arredondar o valor obtido para o inteiro mais próximo, por achar que faz mais sentido!
2. Para distinguir a média de uma amostra da média da população, utilizamos a notação $\overline{\mathbf{x}}$ para a média da amostra e m para a média da população. A forma de cálculo de é exatamente igual à de $\overline{\mathbf{x}}$.
3. A média dos produtos nem sempre é o produto das médias. Assim, se $\overline{\mathbf{x}}$ é a média do conjunto de dados (x_1, x_2, ..., x_n) e $\overline{\mathbf{y}}$ a média do conjunto de dados (y_1, y_2, ..., y_n), então a média de (x1. y_1, x_2. y_2, ..., x_n. y_n) nem sempre é igual a $\overline{\mathbf{x}}.\overline{\mathbf{y}}$. Por exemplo, considerem os conjuntos de dados (11, 12, 13, 14, 15) e (1, 2, 3, 4, 5). A média do primeiro é igual a 13 e a média do segundo é

igual a 3. Considerando os produtos (11, 24, 39, 56, 75) a média desse conjunto é 41, diferente de 13 vezes 3.

3.4 MEDIDAS DE DISPERSÃO

A exploração de um conjunto de valores requer, além das medidas de posição, as chamadas medidas de dispersão. Há várias medidas de dispersão. Vamos analisar com mais detalhe a amplitude, a variância e o desvio padrão. Outras medidas serão citadas no fim da sessão nas notas complementares.

3.4.1 AMPLITUDE

Consideremos os dados do Quadro 3.1, que repetimos a seguir.

QUADRO 3.5 VALORES DE TELCEL

39,03	159,92	519,56	97,45	559,73	194,84	206,22	240,49	106,12
214,53	182,16	141,95	804,33	184,14	56,33	244,50	377,02	233,29

O mínimo desse conjunto é igual a 39,03. O máximo é igual a 804,33. Denomina-se amplitude e denota-se pela letra R a diferença entre esses dois valores.

$R = 804{,}33 - 39{,}03 = 765{,}30$

Se um desses valores extremos for um outlier, ele terá forte impacto no valor e na interpretação de R. No caso do exemplo anterior, já vimos que temos três outliers no extremo superior. O maior valor não discrepante é 377,02. Se calculássemos a amplitude excluindo os outliers teríamos $R' = 377{,}02 - 39{,}03 = 337{,}99$, praticamente a metade do valor calculado sem excluir os outliers.

Além de ser fortemente impactada pelos outliers, a amplitude não leva em consideração a dispersão dos dados entre os extremos. Por esses motivos não é muito utilizada. Uma exceção é seu uso em controle estatístico de processos, devido a razões históricas (pois seu cálculo é mais simples que o das demais medidas de dispersão, fato importantíssimo em uma época em que não se dispunha de calculadoras eletrônicas).

3.4.2 VARIÂNCIA E DESVIO PADRÃO

A variância mede a dispersão dos dados em torno da média. Quanto maior a dispersão, maior será a variância. Por exemplo, analisando a Figura 3.4, concluímos que a variância do conjunto de dados (1) é inferior à variância do conjunto (2). Por sua vez, a variância desse conjunto é inferior à do conjunto (3).

FIGURA 3.4 DISTRIBUIÇÃO DOS TRÊS CONJUNTOS DE DADOS

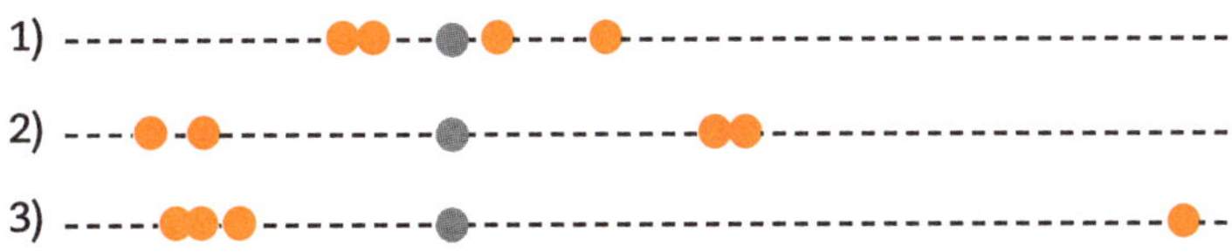

A variância de um conjunto de dados $(x_1, x_2, \ldots, x_n)$ é calculada por meio da fórmula seguinte:

$$\text{var}(x) = \frac{\sum_{i=1}^{n}(x_i - \bar{x})^2}{n}$$

Por exemplo, consideremos os dados do Quadro 3.1 que repetimos a seguir

QUADRO 3.6 VALORES DE TELCEL

39,03	159,92	519,56	97,45	559,73	194,84	206,22	240,49	106,12
214,53	182,16	141,95	804,33	184,14	56,33	244,50	377,02	233,29

Já calculamos anteriormente a média obtendo o valor 253,42. Para a variância obtemos:

$$\text{var}(x) = \frac{\sum_{i=1}^{18}(x_i - 253{,}42)^2}{18} = 36285{,}3305$$

A variância é expressa em unidades ao quadrado. Assim, se as despesas com telefonia são expressas em R$, a variância será expressa em (R$²). Esse fato é um complicador, pois, além de dificultar a interpretação do valor da variância, não permite que somemos a variância a outras medidas (não faz sentido somar R$ com R$²). Por esse motivo, define-se uma medida mais interessante que é o desvio padrão de x, denotado por dp(x) e que é a raiz quadrada da variância.

$$dp(x) = \sqrt{var(x)}$$

Note-se que, em nosso exemplo, dp(x) será expresso em R$. Isso contorna os problemas de interpretação e operação que a variância apresentava. No caso de nosso exemplo, teremos dp(x) = 190,49.

3.4.2.1 PROPRIEDADES DA VARIÂNCIA

Consideremos um conjunto de dados ($x_1, x_2,..., x_n$) cuja variância é var(x) e cujo desvio padrão é dp(x).

- Se $x_1 = x_2 = ... = x_n = k$ => var(x) = 0 [a variância de n valores iguais é igual a zero; esse resultado é intuitivo: se não há variação, a variância é nula];
- Se q é uma constante, a variância de (x1+q, x2+q,..., xn+q) é igual a var(x). [se somamos uma constante a todos os valores de um conjunto de dados, a variância não se altera];
- Se q é uma constante, a variância de ($q.x_1, q.x_2$,..., q.xn) é igual a q_2.var(x) [se multiplicamos todos os valores por uma constante q, a nova variância é q^2 vezes a variância anterior].

Sugerimos ao leitor criar um conjunto de dados para verificar as propriedades numericamente.

NOTAS COMPLEMENTARES

1. Se var(x) é a variância do conjunto de dados ($x_1, x_2,..., x_n$) e var(y) é a variância do conjunto de dados ($y_1, y_2, ..., y_n$), então a variância de ($x_1+ y_1, x_2+ y_2, ..., x_n+ y_n$) nem sempre será igual à soma das variâncias .

2. A variância de uma amostra é frequentemente denotada por "s^2" e o desvio padrão por "s". Quando se trata de valores calculados para toda a população, utilizam-se os símbolos "s^2" e "s" respectivamente.
3. Ao calcular a variância, o denominador utilizado foi n, o tamanho do conjunto de dados. Em muitas referências o leitor encontrará como denominador o valor (n - 1). Essa diferença se deve ao seguinte: ao analisar um conjunto de dados o correto é dividir por n. Se o conjunto de dados é uma amostra aleatória de uma população e o objetivo é estimar a variância da população a partir dessa amostra, a divisão por (n - 1) fornece uma estimativa mais confiável. A justificação dessa diferença está fora do escopo deste texto. Quando o valor de n é muito grande, praticamente não faz diferença utilizar um ou outro denominador.
4. Em função do exposto, o leitor deve tomar cuidado ao calcular o valor da variância com o Excel ou com sua calculadora. Quando o objetivo é a exploração do conjunto de dados (e não a estimação da variância populacional), devemos utilizar a fórmula que corresponde a "variância populacional".[3] No Excel devemos escolher a função VARP para a variância e DESVPADP para o desvio padrão. Nas máquinas de calcular como, a HP12C, a única opção é a variância calculada com o denominador (n - 1). O analista deverá, então, (1) elevar esse valor ao quadrado, (2) multiplicar o resultado por (n - 1) e (3) dividir o produto por n, obtendo, dessa forma, a variância que seria calculada com denominador n. Sua raiz quadrada dá o correspondente desvio padrão. Em calculadoras com as duas versões, corresponde ao desvio padrão para uma variância calculada com denominador n e s ao desvio padrão para uma variância calculada com denominador (n - 1).

3 É como se nosso conjunto de dados fosse a população em estudo.

3.5 OUTRAS MEDIDAS DE DISPERSÃO

3.5.1 COEFICIENTE DE VARIAÇÃO

É difícil dizer se um valor de desvio padrão é grande ou pequeno. Depende da ordem de magnitude dos dados. Os estatísticos costumam utilizar uma medida denominada coeficiente de variação e denotada por cv(x) para permitir comparar a variabilidade de variáveis com valores de magnitudes distintas. O coeficiente de variação define-se como segue:

$$cv(x) = \frac{dp(x)}{\overline{x}}$$

Quanto menor o coeficiente de variação, mais homogêneos serão os dados, ou seja, maior sua concentração em torno da média. O coeficiente de variação, que dá uma ideia de "erro relativo", é normalmente expresso em porcentagem.

Por exemplo, admita que o salário médio dos funcionários de uma empresa seja igual a 500 u.m.[4] com desvio padrão igual a 120 u.m.; os salários dos gerentes têm média 2000 u.m. com desvio padrão de 120 u.m. Teremos:

cv (salário dos funcionários) = 120 / 500 = 0,24 (24%)

cv (salário dos gerentes) = 120 / 2000 = 0,06 (6%)

Esse resultado mostra que os salários dos gerentes são mais homogêneos que os salários dos funcionários.

3.5.2 DESVIO MÉDIO

Uma medida de dispersão pouco utilizada, mas extremamente simples de interpretar é o desvio médio. É a média aritmética dos desvios em relação a média, tomados em valor absoluto.

$$dm(x) = \frac{\sum_{i=1}^{n} |x_i - \overline{x}|}{n}$$

4 u.m.: unidades monetárias.

Essa medida é mais simples que a variância ou o desvio padrão e simplifica a exploração dos dados. No entanto não é muito utilizada, pois suas propriedades estatísticas, necessárias para fazer inferências para a população a partir de uma amostra, são mais complexas.

Poderíamos estender o conceito de coeficiente de variação substituindo o desvio padrão pelo desvio médio.

Caso haja outliers, eles podem afetar o valor da média e, portanto, comprometer a interpretação do desvio médio.

3.5.3 DISTÂNCIA MEDIANA

Quando a distribuição de uma variável apresenta forte assimetria, a média não é um bom indicador de centro da distribuição. Nesses casos, ou em situações em que outliers podem impactar no valor da média, prefere-se utilizar a distância mediana para analisar e comparar a dispersão de diferentes conjuntos de dados.

Dado um conjunto de dados, determinamos sua mediana Q2 = md. Calculamos as distâncias de cada ponto à mediana md. A distância mediana é definida como segue:

$$DMA(x) = \text{mediana}_{i} = 1,\ldots,n \, \{ \, | \, x_i - md | \, \}$$

A principal vantagem dessa medida em relação ao desvio médio é que a ocorrência de outliers não afeta seu valor.

3.5.4 DISTÂNCIA INTERQUARTÍLICA

Quando discutimos a construção do *box plot* calculamos a distância interquartílica, $IQ = Q_3 - Q_1$. Ela mede a amplitude dos valores centrais da distribuição.

3.6 A VARIÁVEL PADRONIZADA Z

Em muitos estudos trabalhamos com variáveis medidas em diferentes escalas. Por exemplo, quando analisamos as exportações de diferentes países, elas, provavelmente, são expressas em diferentes moedas. Para poder comparar ou efetuar operações com esses valores, é necessário transformar esses valores monetários a uma moeda comum, em geral o dólar americano.

Outro caso que requer algum tipo de padronização é dado a seguir. Suponhamos que os alunos de uma escola estão disputando vagas em um curso no exterior e a classificação será por nota. Teremos que classificar alunos de duas classes que têm professores distintos. A comparação direta pode ser influenciada pelo rigor do professor. Uma nota 7,0 com o professor rigoroso pode representar um desempenho superior ao de um 9,0 com o professor menos rigoroso. Nesses casos é conveniente "padronizar as notas" para eliminar o "efeito professor".

Uma forma usual de padronizar variáveis em análises estatísticas é subtraindo a média e dividindo a diferença pelo desvio padrão. A variável padronizada (ou reduzida) costuma-se denotar pela letra "z". Formalmente, dada uma variável X, cuja média é $\overline{\mathbf{X}}$ e cujo desvio padrão é dp(x), define-se z como segue:

$$z_i = \frac{x_i - \overline{x}}{dp(x)}, \quad i = 1,\dots,n$$

Pode-se demonstrar que z tem média igual a 0 e desvio padrão igual a 1. Essa transformação corresponde a medir em desvios-padrão a distância de cada valor de x à média. Assim, se para dado valor x, o correspondente valor de z for igual a 1,4 significa que x dista 1,4 desvios-padrão de sua média.

Para ilustrar o uso de valores padronizados, vamos considerar o caso da classificação de alunos. Vamos admitir que as classes são formadas por ordem alfabética, ou seja, provavelmente não há diferença de nível entre as classes. Por simplicidade, consideremos apenas cinco alunos em cada classe. As suas notas são dadas na Tabela 3.6. Note que uma nota 8 na turma A tem mais "valor" (z =1,92) que uma nota 10 (z = 1,65) na turma B. Em outras palavras, o aluno da turma A que tirou 8 se afasta mais da média da classe que o aluno que tirou 10 na outra turma.

TABELA 3.1 NOTAS ORIGINAIS E NOTAS PADRONIZADAS

A	B	z (A)	z (B)
4	4	-1,03	-1,26
5	7	-0,29	0,19
5	5	-0,29	-0,78
8	7	1,92	0,19
5	10	-0,29	1,65

Consideremos, agora, os dados do Quadro 3.1 que repetimos a seguir.

QUADRO 3.7 VALORES DE TELCEL

39.03	159.92	519.56	97.45	559.73	194.84	206.22	240.49	106.12
214.53	182.16	141.95	804.33	184.14	56.33	244.50	377.02	233.29

Como já vimos $\overline{\mathbf{X}}$= 253,42 de dp(x) = 190,49. Os valores z correspondentes aos valores acima são dados na Tabela 3.8. Fica a cargo do leitor verificar que a média desses valores é igual a 0 e o desvio padrão igual a 1.

QUADRO 3.8 VALORES PADRONIZADOS DE TELCEL DA AMOSTRA DA TELETANG

-1,13	-0,49	1,40	-0,82	1,61	-0,31	-0,25	-0,07	-0,77
-0,20	-0,37	-0,59	2,89	-0,36	-1,03	-0,05	0,65	-0,11

NOTAS COMPLEMENTARES

1. Em geral, quando o valor padronizado z_i do indivíduo i do conjunto de dados é superior a 3,0 ou inferior a -3,0, ele é considerado um dado discrepante (outlier). Analistas mais conservadores consideram suspeitos os elementos para os quais z_i é maior que 2,0 ou inferior a -2,0. Essas regras têm origem nas propriedades da distribuição de Gauss (curva do sino). Cabe ressaltar que os outliers apontados pelo *box plot* nem sempre coincidem com os detectados com a regra acima. Basta verificar isso com os dados do Quadro 3.8. O *box plot* correspondente aos dados da amostra sugere três outliers: os três valores acima de 398,33.

Por outro lado, ao analisar os valores padronizados notamos que apenas o z correspondente ao valor 804,33 é próximo a 3,0 e, portanto, esse critério sugere apenas um dado suspeito. Os outliers deslocaram o valor da média amostral para cima. Isso reduz a distância de cada outlier à média e o correspondente valor de z não é tão alto. Por esse motivo os três outliers não são detectados utilizando o critério de $|z| > 3$. Em outras palavras esse critério não é tão confiável quanto o *box plot*, pois é sensível à própria influência de outliers.

2. Há outras formas de padronizar variáveis. Por exemplo, se o mínimo de um conjunto de dados for igual a m e o máximo igual a M, podemos transformar a variável X como segue

$$w_i = \frac{x_i - m}{M - m}, \qquad i = 1,\ldots,n$$

Os valores da variável padronizada W variam entre 0 e 1.

Em estatística, a transformação mais utilizada é a transformação z. No entanto o leitor deve estar atento ao contexto do problema em estudo, pois outras transformações podem ser mais interessantes.

3.9 CÁLCULO DE MEDIDAS PARA DADOS AGRUPADOS

Em muitas ocasiões os dados brutos não estão disponíveis e a única informação de que dispomos é a tabela de frequências. Nesses casos, cada vez mais raros, temos que adaptar as fórmulas de cálculo das medidas descritivas. Consideraremos dois exemplos para ilustrar esses cálculos.

EXEMPLO 1:

A distribuição do número de acidentes graves, por semana, nas últimas 60 semanas, em uma rodovia estadual é dada na tabela seguinte:

TABELA 3.2 NÚMERO DE ACIDENTES SEMANAIS GRAVES

Acidentes (x)	0	1	2	3	5	6	7
Semanas (f)	8	10	17	11	8	4	2

Para calcular a média multiplicaremos o número de acidentes por sua frequência e dividiremos a soma por 60.

TABELA 3.3 CÁLCULO DA MÉDIA

Acidentes (x)	0	1	2	3	5	6	7
Semanas (f)	8	10	17	11	8	4	2
x.f	0	10	34	33	40	24	14

A soma dos produtos x.f é igual a 155. Portanto, o número médio de acidentes será 155 / 6 = 2,6.

Em geral, podemos escrever:

$$\bar{x} = \frac{\sum x.f}{\sum f} = \frac{\sum x.f}{n} \quad \text{ou} \quad \bar{x} = \sum p.x$$

em que p é a frequência relativa. Para o cálculo da variância utilizamos a fórmula:

$$s^2 = \frac{\sum f.(x-\bar{x})^2}{\sum f} = \frac{\sum f.(x-\bar{x})^2}{n} \quad \text{ou} \quad s^2 = \sum p.(x-\bar{x})^2$$

Para cálculo dos quartis utilizaremos a distribuição de frequências acumuladas. Elas permitem localizar a posição dos dados.

TABELA 3. 4 FREQUÊNCIAS ACUMULADAS

Acidentes (x)	0	1	2	3	5	6	7
Semanas (f)	8	10	17	11	8	4	2
freq. ac. (f.a.)	8	18	35	46	54	58	60

O 1º quartil corresponde à média entre o 15º e 16º indivíduos da amostra. Como o valor 1 ocupa ambas as posições (pois a frequência acumulada até 1 é igual a 18) resulta que Q1= 1. A mediana corresponde à média entre o 30º e 31º indivíduos da amostra. Portanto; Q2 = 2.

Finalmente Q3 corresponde ao valor entre o 45º e o 46º indivíduos, ou seja, Q3 = 3.

EXEMPLO 2:

A distribuição de frequências de determinado índice financeiro em uma amostra de 30 empresas é dada a seguir:

TABELA 3.5 ÍNDICE FINANCEIRO

Índice	f
1,0-1,5	5
1,5-2,0	10
2,0-2,5	8
2,5-3,0	5
3,0-3,5	2

Para calcular a média, vamos admitir que os valores dentro de uma classe se distribuem de maneira uniforme. Considerando essa suposição, seria razoável admitir que esses valores possam ser representados pelo centro da classe que denotaremos pela letra c. O centro da classe é a média aritmética entre os extremos da classe. Esses valores são apresentados na tabela seguinte.

TABELA 3.16 CENTROS DE CLASSE

Índice	f	c
1,0-1,5	5	1,25
1,5-2,0	10	1,75
2,0-2,5	8	2,25
2,5-3,0	5	2,75
3,0-3,5	2	3,25

A partir dessa simplificação poderemos, então, utilizar as fórmulas apresentadas no exemplo anterior substituindo x pelo valor c. Teremos

$$\bar{x} = \frac{\sum f.c}{n} \quad \text{e} \quad s^2 = \frac{\sum f.(c - \bar{x})^2}{n}$$

O cálculo dos percentis é feito por interpolação linear. Para facilitar esse cálculo calculamos as frequências relativas simples (p) e acumuladas (p.a.). Lembramos que no histograma a área de cada retângulo corresponde à sua frequência relativa.

TABELA 3.17 DISTRIBUIÇÃO DO ÍNDICE FINANCEIRO

Índice	f	p	p.a.
1,0-1,5	5	0,17	0,17
1,5-2,0	10	0,33	0,50
2,0-2,5	8	0,27	0,77
2,5-3,0	5	0,17	0,93
3,0-3,5	2	0,07	1,00

Por exemplo, P_{25} é tal que a frequência acumulada inferior a ele é igual a 0,25. Analisando a tabela de frequências relativas acumuladas, vemos que P_{25} é um valor entre 1,5 e 2,0. Como a classe anterior corresponde a 0,17 da frequência, faltam 0,08 para completar a área de 0,25. Por interpolação linear, obteremos $P_{25} = 1{,}5 + (0{,}08/0{,}33) \times (2{,}0 - 1{,}5) = 1{,}62$.

FIGURA 3.5 HISTOGRAMA

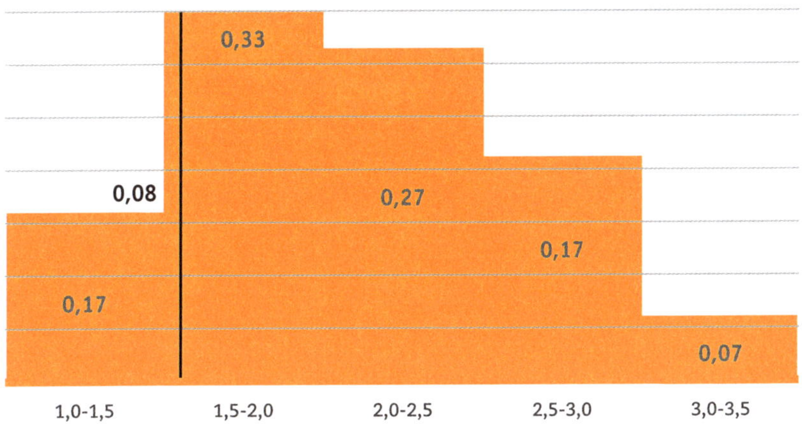

Um procedimento alternativo, mais simples, para determinar os percentis é a utilização do polígono de frequências relativas acumuladas. Esse gráfico mostra o crescimento das frequências à medida que o valor da variável cresce. É um procedimento mais prático quando desejamos calcular vários percentis.

A Figura 3. 6 apresenta esse polígono para nosso exemplo. A frequência acumulada até o valor 1,0 é igual a 0. Na primeira classe, quando o valor da variável vai de 1,0 a 1,5, a frequência relativa vai de 0 a 0,17. Na segunda classe, quando o valor da variável vai de 1,5 a 2,0, a frequência relativa vai de 0,17 a 0,50. E assim sucessivamente. O valor máximo da função de distribuição acumulada é igual a 1,0 (que é o valor máximo da frequência relativa acumulada.

FIGURA 3.6 POLÍGONO DE FREQUÊNCIAS ACUMULADAS

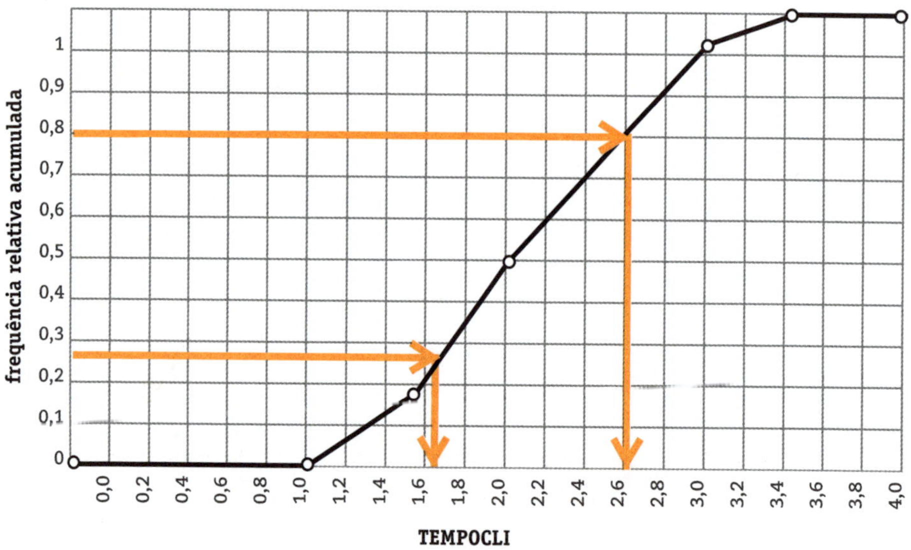

Selecionando 0,25 na escala vertical, obtemos o valor correspondente de P_{25} na escala horizontal. Analogamente, poderíamos obter $P_{80} = 2,6$.

EXERCÍCIOS

1. Considere o seguinte conjunto de dados:

610	614	603	583	607	509

   a. Calcule as principais medidas descritivas que você conhece.
   b. Multiplique os dados por 10 e veja o que ocorre com os valores das medidas calculadas em (a).

c. Idem, somando 50 a cada um dos dados.

d. Considere os dados originais. Subtraia de cada um deles a média. Divida a diferença pelo desvio padrão dos dados originais. Calcule a média e o desvio padrão dos novos valores. (Os dados foram "padronizados".)

2. Em 1980 a esperança de vida, ao nascer, em anos, para alguns estados da Federação era a seguinte:

Alagoas - 42,9	Paraná - 57,4	Santa Catarina - 60,0
Espírito Santo - 57,5	Pernambuco - 43,7	São Paulo - 58,8
Minas Gerais - 55,0	Rio de Janeiro - 57,3	Sergipe - 45,3
Paraíba - 42,0	Rio Grande do Sul - 64,5	

Fonte: *Revista de Administração de Empresas* (RAE), jul./set., 1987.

Calcule e interprete a média das esperanças de vida nos diferentes estados.

3. O número de chamados ao serviço de manutenção de uma fábrica de lâmpadas em 60 dias úteis consecutivos é apresentado na tabela a seguir:

SEMANA	2ª feira	3ª feira	4ª feira	5ª feira	6ª feira
1	1	2	3	0	2
2	4	3	2	2	2
3	1	2	0	2	4
4	3	2	3	2	1
5	1	2	4	1	2
6	1	1	2	0	2
7	0	4	2	2	0
8	2	0	2	1	*
9	2	2	1	3	3
10	2	1	4	1	0
11	1	2	2	1	4
12	4	1	3	2	4

a. Qual o média e o desvio padrão do número de chamadas por semana?

b. Determine o 1º; 2º e 3º quartis.

c. Construa o *box plot* correspondente. Analise-o e comente a simetria.

4. Oitenta clientes da empresa de assistência odontológica TOOTH foram selecionados aleatoriamente dentre os atendidos no mês de janeiro de 1995. Os custos dos tratamentos odontológicos desses pacientes, calculados em US$, e ordenados por coluna, são apresentados a seguir:

5,51	7,45	11,16	18,86	23,90	32,79	41,52	56,28
5,56	8,19	11,39	19,24	24,01	35,07	46,21	57,22
5,81	8,61	11,68	19,52	24,92	35,75	46,60	57,67
5,96	8,76	11,74	20,89	25,23	35,99	47,43	58,32
6,00	9,61	12,79	21,36	25,91	37,59	48,36	71,00
6,07	9,69	14,65	21,39	27,67	38,36	48,71	79,25
6,11	10,16	15,71	22,41	27,91	38,40	50,22	82,13
6,72	10,28	16,94	23,03	29,52	39,92	50,81	84,49
6,73	10,54	18,54	23,27	30,23	40,09	51,72	110,85
6,77	10,89	18,83	23,65	31,46	40,82	54,38	127,50

a. Construa um *box plot* para analisar a distribuição de frequências. Compare com o histograma obtido no Capítulo 2.

b. Comente a forma da distribuição e o seu significado neste estudo.

c. Com auxílio do polígono de porcentagens acumuladas, divida os tratamentos em 3 faixas: 25% mais baratos, 50% médios e 25% mais caros. Quais os limites de cada faixa? Compare com os valores que você obteria diretamente ordenando os dados brutos. A diferença é significativa?

d. Calcule a média e o desvio padrão. Qual a porcentagem de dados que cai no intervalo $(\bar{x} - s, \bar{x} + s)$? E no intervalo $(\bar{x} - 2s, \bar{x} + 2s)$? E no intervalo $(\bar{x} - 3s, \bar{x} + 3s)$? Compare com os valores obtidos no problema anterior

5. Um analista de crédito está estudando as características que distinguem as empresas que pagaram em dia (Tipo A) e as empresas que pagaram com atraso superior a 30 dias (Tipo B). Selecionou uma amostra aleatória de 50 empresas Tipo A e outra de 50 empresas Tipo B e, a partir dos demonstrativos financeiros, calculou determinado índice financeiro. Os valores obtidos são dados a seguir, ordenados de forma crescente (leitura por colunas).

0,13	0,40	0,65	0,81	0,87	0,95	1,09	1,21	1,40	1,50
0,13	0,46	0,74	0,81	0,87	1,06	1,09	1,24	1,40	1,59
0,25	0,54	0,76	0,83	0,88	1,06	1,11	1,27	1,44	1,62
0,34	0,56	0,79	0,83	0,88	1,06	1,20	1,30	1,45	1,93
0,34	0,59	0,81	0,85	0,92	1,08	1,20	1,37	1,50	1,97

0,69	1,06	1,14	1,19	1,3	1,37	1,43	1,49	1,58	1,66
0,90	1,07	1,15	1,25	1,32	1,39	1,43	1,50	1,58	1,67
1,04	1,09	1,16	1,26	1,34	1,39	1,44	1,51	1,63	1,71
1,05	1,11	1,17	1,27	1,35	1,40	1,47	1,53	1,63	1,82
1,06	1,13	1,17	1,30	1,36	1,40	1,48	1,54	1,63	2,02

a. Com auxílio dos *box plots* de cada distribuição, compare o comportamento dos índices para os dois tipos de empresas.

b. Compare as distribuições utilizando apenas as respectivas médias e desvios padrão. Qual a sua conclusão?

c. Calcule a média e o desvio padrão da amostra como um todo (100 valores). Compare com os resultados obtidos em b) e comente/justifique eventuais diferenças.

d. Os valores aqui calculados são uma boa estimativa desses parâmetros quando calculados para todos os clientes do banco? Por quê? Em caso negativo, que informação adicional seria necessária?

6. A idade das microempresas (ME) que pediram concordata nos últimos 12 meses foi analisada com auxílio de uma amostra aleatória de 40 ME, obtendo-se os resultados seguintes (em meses):

Idade	ME
0,5 |—— 12,5	21
12,5 |—— 24,5	12
24,5 |—— 36,5	4
36,5 |—— 48,5	2
48,5 |—— 60,5	1
TOTAL	**40**

a. Estime a proporção de ME concordatárias cuja idade é superior à média das idades.
b. Estime os quartis com auxílio do polígono de frequências acumuladas.
c. 80% das empresas concordatárias têm k meses ou menos de idade. Estime k com auxílio do polígono de frequências acumuladas.

7. Em uma grande universidade 230 alunos (amostra aleatória) foram submetidos a um teste psicotécnico. Do total, 20% dos alunos obtiveram menos de 30 pontos; 40% obtiveram menos de 50 pontos e 80% obtiveram menos de 70 pontos; e 90% obtiveram menos de 80 pontos. Os demais obtiveram entre 80 e 100 pontos.
a. Estime a média dos pontos para os alunos dessa universidade.
b. Estime a mediana dessa distribuição e compare-a com a média.
c. Estime a porcentagem de alunos que obtiveram mais de 65 pontos.
d. Esboce o histograma da distribuição dos pontos para essa amostra. Respeite as escalas horizontal e vertical ao fazer o desenho. Indique as escalas nos eixos. O que representa o eixo vertical?

8. Uma empresa tem 10.000 funcionários. Destes, selecionou-se aleatoriamente uma amostra de 100 funcionários. O número de vezes que cada um deles, durante determinado dia, utilizou o terminal de consultas foi anotado. Os valores são dados a seguir:

Consultas	0	1	2	3	4	5
Funcionários	20	28	18	14	12	8

a. Represente graficamente a distribuição do número de consultas ao terminal. Analise sua forma.
b. Calcule a média e o desvio padrão do número de consultas dessa amostra.
c. Estime o número total de consultas feita pelos 10.000 funcionários.
d. Estime a proporção de funcionários que consultam o terminal "acima da média".

9. Uma refinadora produz óleos que são vendidos no varejo por uma equipe de 60 vendedores. As vendas de cada vendedor no mês de agosto foram registradas e deram origem à seguinte distribuição de frequências:

Vendas (litros)	Vendedores
5.000 |---------6.000	10
6.000 |---------7.000	20
7.000 |---------8.000	15
8.000 |------- 10.000	10
10.000 |------- 12.000	5

a. A meta de vendas, para cada vendedor, é de 7.200 litros. Qual a proporção de vendedores que cumpriram a meta em agosto?
b. Os 20 vendedores que mais vendem no mês recebem um brinde da empresa. Qual o total de litros vendidos por esses 20 vendedores em agosto? O valor que você encontrou é exato ou aproximado? Por quê?

10. A SALpizza tem capacidade de produzir 60 pizzas por dia. O número de pizzas solicitadas é, em alguns dias, maior que essa capacidade, o que faz com que alguns pedidos não possam ser atendidos. O número de pizzas solicitadas nos últimos 60 dias distribuiu-se como segue:

Vendas (litros)	Vendedores
5.000 |---------6.000	10
6.000 |---------7.000	20
7.000 |---------8.000	15
8.000 |------- 10.000	10
10.000 |------- 12.000	5

a. Estime a média e o desvio padrão da demanda. Comente e compare com a capacidade da SALpizza.

b. Estime a capacidade que deveria ter a SALpizza para que pudesse atender a todas as solicitações em pelo menos 90% dos dias.

c. Se cada pizza é vendida a $ 15, qual a receita média diária?

11. Considere a seguinte distribuição de frequências:

x	5	10	15	20
p	0,10	0,25	0,40	0,25

a. Calcule a média e o desvio padrão dessa distribuição.

b. Determine o primeiro e terceiro quartis.

12. Analisando as idades dos funcionários da repartição pública A, as seguintes estatísticas foram obtidas:

Idade mínima: 18	Mediana = 34	Vendedores
Primeiro Quartil = 24		Terceiro Quartil = 42

a. A partir desses dados obtenha o valor aproximado da idade média dos funcionários.

b. Idem, o valor da porcentagem de funcionários que têm mais de 36 anos.
c. No item (a) dissemos "valor aproximado" e não "valor estimado". Por quê? Quando se aplica cada uma das expressões? Há casos em que podemos ter "valor estimado aproximado"? Quando?

13. Considere as variáveis da planilha LOJAS DUMMY.
   a. Calcule as principais medidas descritivas de cada uma das variáveis quantitativas do banco de dados e represente graficamente com auxílio de *box plots*. Analise e comente os resultados.
   b. Calcule as medidas descritivas de cada uma das variáveis quantitativas por departamento. Analise e comente suas conclusões sobre a diferença entre departamentos com base nessas medidas. Para facilitar essas comparações, coloque os resultados obtidos em uma tabela (uma linha para cada departamento e uma coluna para cada medida).

14. Considere as variáveis da planilha MANOLI.
   a. Calcule as principais medidas descritivas de cada uma das variáveis quantitativas do banco de dados com auxílio de *box plots*. Analise e comente os resultados.
   b. Calcule as medidas descritivas de cada uma das variáveis quantitativas por tipo de CANAL. Analise e comente suas conclusões sobre a diferença entre as duas categorias de CANAL com base nessas medidas. Para facilitar essas comparações, coloque os resultados obtidos em uma tabela (uma linha para cada departamento e uma coluna para cada medida).

15. Considere as variáveis da planilha DORELA.
   a. Calcule as principais medidas descritivas de cada uma das variáveis quantitativas do banco de dados com auxílio de *box plots*. Analise e comente os resultados.

b. Calcule as medidas descritivas de cada uma das variáveis quantitativas por tipo de STATUS (BOM e MAU). Analise e comente suas conclusões sobre a diferença entre as duas categorias de STATUS com base nessas medidas. Para facilitar essas comparações, coloque os resultados obtidos em uma tabela (uma linha para cada departamento e uma coluna para cada medida).

16. Considere as variáveis da planilha TELETANG.

a. Calcule as principais medidas descritivas de cada uma das variáveis quantitativas do banco de dados com auxílio de *box plots*. Analise e comente os resultados.

b. Calcule as medidas descritivas de cada uma das variáveis quantitativas por tipo de ATRASO (BOM e MAU). Analise e comente suas conclusões sobre a diferença entre as duas categorias de ATRASO com base nessas medidas. Para facilitar essas comparações, coloque os resultados obtidos em uma tabela (uma linha para cada departamento e uma coluna para cada medida).

Capítulo 4

DISTRIBUIÇÕES BIVARIADAS

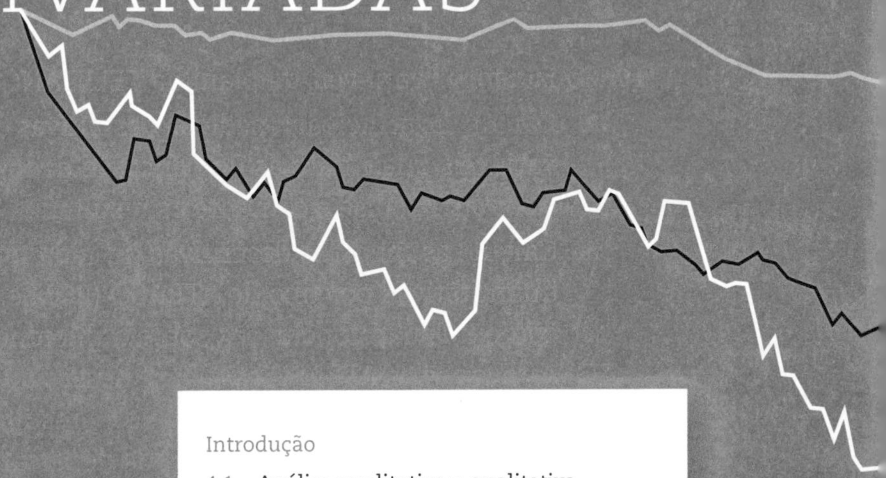

INTRODUÇÃO

Em muitos estudos e tomadas de decisão a análise isolada de cada uma das variáveis do problema não é a única forma de entender o comportamento dos dados. É muito importante analisar a distribuição conjunta das variáveis, ou seja, a frequência das diferentes combinações das variáveis envolvidas. Por exemplo, o diretor de marketing de uma empresa fabricante de sucos tem interesse em saber a distribuição das idades dos consumidores e a distribuição das vendas de cada sabor. Além disso, é importante que "cruze" as variáveis, ou seja, que estude a relação entre os diferentes sabores e as diferentes faixas etárias. Dessa forma poderá focar melhor suas campanhas promocionais. O estudo do cruzamento de duas variáveis é denominado análise bivariada.

A análise bivariada é um caso particular da análise multivariada, que analisa a relação entre duas ou mais variáveis. Podemos classificar a análise bivariada de acordo com o tipo de variáveis envolvidas. Assim, temos:

- Qualitativa X qualitativa
- Quantitativa X qualitativa
- Quantitativa X quantitativa

Este capítulo trata dos dois primeiros tipos de análise, ambos envolvendo variáveis qualitativas. Adiante, no capítulo dedicado à correlação e regressão, estudaremos as relações entre duas variáveis quantitativas.

4.1 ANÁLISE QUALITATIVA X QUALITATIVA

Como dissemos, para o diretor de marketing da empresa de sucos, o cruzamento da faixa etária (em anos) dos consumidores com o tipo de refrigerante preferido pelas pessoas de cada uma das diferentes faixas certamente é muito importante. Por exemplo, a distribuição das diferentes combinações para determinada empresa é apresentada na Tabela 4.1. Essa tabela é denominada tabela de contingência.

TABELA 4.1 DISTRIBUIÇÃO DE TIPO DE REFRIGERANTE X FAIXA ETÁRIA

	TIPO DE REFRIGERANTE			
Faixa etária	**XISCOLA**	**LIMON**	**TUNIC**	**Total**
21-30	0,12	0,02	0,01	0,14
31-40	0,19	0,02	0,01	0,23
41-50	0,29	0,05	0,04	0,38
51-60	0,18	0,03	0,02	0,23
61-70	0,01	0,00	0,00	0,01
71-80	0,01	0,00	0,00	0,01
Total	**0,80**	**0,13**	**0,08**	**1,00**

A Tabela 4.1 permite analisar separadamente a distribuição de cada uma das variáveis (Idade, Tipo de refrigerante). Essas distribuições são denominadas distribuições marginais por se encontrarem nas margens da tabela. A tabela também permite analisar a distribuição de faixa etária, dada na Tabela 4.2 e a distribuição de Tipo de refrigerante, dada na Tabela 4.3.

TABELA 4.2 DISTRIBUIÇÃO DE FAIXA ETÁRIA

Faixa etária	21-30	31-40	41-50	51-60	61-70	71-80	Total
p	0,14	0,23	0,38	0,23	0,01	0,01	1,00

TABELA 4.3 DISTRIBUIÇÃO DE TIPO DE REFRIGERANTE

Tipo de refrigerante	XISCOLA	LIMON	TUNIC	Total
p	0,80	0,13	0,08	1,00

TABELA 4.4 DISTRIBUIÇÃO CONJUNTA DE TIPO DE REFRIGERANTE X FAIXA ETÁRIA

	TIPO DE REFRIGERANTE		
Faixa etária	**XISCOLA**	**LIMON**	**TUNIC**
21-30	0,12	0,02	0,01
31-40	0,19	0,02	0,01
41-50	0,29	0,05	0,04
51-60	0,18	0,03	0,02
61-70	0,01	0,00	0,00
71-80	0,01	0,00	0,00

Analisando a tabela, notamos, por exemplo, que 29% dos indivíduos entrevistados pertence a faixa etária 41-50 e prefere o refrigerante XISCOLA. Já 1% dos entrevistados apresentam simultaneamente preferência por TUNIC e pertencem à faixa etária 31-40. Nenhum consumidor na faixa 71-80 prefere TUNIC etc.

A análise mais detalhada de uma tabela de contingência será dividida em duas partes, em função da forma de seleção das amostras. Inicialmente consideraremos o caso da amostragem aleatória simples. Depois, estudaremos o caso da amostragem aleatória estratificada.

4.2 ANÁLISE QUANTITATIVA X QUALITATIVA

4.2.1 CASO 1: AMOSTRAGEM ALEATÓRIA SIMPLES[1]

O diretor de crédito do Banco Cívico (BACIV) desconfia de que haja uma relação entre o STATUS do cliente (bom ou mau pagador) e tipo de residência em que vive (RESID). Para verificar se sua suposição está correta, seleciona uma amostra aleatória simples de 2 mil clientes do banco e classifica cada um deles conforme seu status e tipo de residência. Obtém a seguinte tabela de contingência:

1 Em amostragem aleatória simples sorteamos n indivíduos da população. Todos os indivíduos têm a mesma probabilidade de serem sorteados.

TABELA 4.5 TABELA DE CONTINGÊNCIA DE RESID X STATUS

	STATUS		
RESID.	**MAU**	**BOM**	**Total**
Alugada	165	264	429
Outros	149	251	400
Própria	399	772	1.171
Total	**713**	**1.287**	**2.000**

A partir desses resultados podemos calcular as distribuições marginais e a distribuição conjunta das duas variáveis.

4.2.1.1 DISTRIBUIÇÕES MARGINAIS

Para calcular as distribuições marginais dividimos todas as frequências absolutas nas margens da tabela por 2.000. Analisando a distribuição de RESID, verificamos que a maior parte dos clientes reside em casa própria (58,6%). Vamos denotar essa frequência relativa como "p(própria)" = 0,586. No que diz respeito a STATUS, temos que p(mau) = 0,356 e p(bom) = 0,644. As distribuições marginais são apresentadas na Tabela 4.6.

A letra p representa "proporção" ou "frequência relativa". Deve ser expressa em valores decimais, não em forma percentual.[2] As proporções $\pi(.)$ aqui calculadas correspondem à distribuição dos clientes na amostra de clientes selecionada. Elas representam uma estimativa das respectivas proporções $\pi(.)$ no banco como um todo.

TABELA 4.6 DISTRIBUIÇÃO (%) DE RESID X STATUS

	STATUS		
RESID.	**MAU**	**BOM**	**Total**
Alugada	8,3%	13,2%	21,5%
Outros	7,5%	12,6%	20,0%
Própria	20,0%	38,6%	58,6%
Total	**35,7%**	**64,4%**	**100,0%**

2 A menos de menção em contrário, iremos intercambiar as expressões proporção, probabilidade e porcentagem de um evento (resultado). Neste texto, cujo objetivo é a análise exploratória de dados, não se formalizará com rigor a teoria das probabilidades.

4.2.1.2 DISTRIBUIÇÃO CONJUNTA

Para obter a distribuição conjunta das duas variáveis, dividimos a contagem de cada casela[3] por 2.000. Por exemplo, a frequência relativa correspondente à casela (bom X própria) é igual a 772/2000 = 0,386 (38,6%). A distribuição é apresentada na Tabela 4.6.

A categoria mais frequente é (bom X própria), com 38,6% dos clientes. Escrevemos p(bom e própria) = 0,386. A menor frequência relativa conjunta é p(mau e alugada) = 0,0745.

4.2.1.3 DISTRIBUIÇÕES CONDICIONAIS

Vamos admitir que nosso interesse se concentre nos clientes com casa alugada. Desejamos analisar a distribuição de STATUS apenas para esse tipo de cliente.

Da Tabela 4.5 de distribuições conjuntas extraímos a linha que corresponde a RESID = alugada:

TABELA 4.7 DISTRIBUIÇÃO DE STATUS EM ALUGADA

	STATUS		
RESID.	**MAU**	**BOM**	**Total**
Alugada	**165**	**264**	**429**

Calculemos as proporções de "mau" e "bom" apenas para clientes com residência alugada. Temos 165 maus em 429 clientes, obtendo, então:

p (Mau | alugada) = 165 / 429 = 0,385

A expressão *p (mau | alugada)* deve ser lida como segue: proporção de maus clientes dado que residem em casa alugada, ou de forma mais simples, proporção de maus dado alugada. A barra vertical significa "dado que".

Da mesma forma p (bom | alugada) = 264 / 429 = 0,615. Em resumo, teremos:

3 O termo *casela* corresponde a cada posição da tabela. É o equivalente ao termo *célula* do Excel.

TABELA 4. 8 DISTRIBUIÇÃO CONDICIONAL DE STATUS PARA ALUGADA

RESID.	STATUS		Total
	MAU	**BOM**	
p (alugada)	165	264	429
Total	**0,385**	**0,615**	**1,00**

Temos, aqui, um resultado importante:

- Se o gerente do banco não tem informações sobre um solicitante de crédito, a estimativa da probabilidade de que seja um mau pagador será simplesmente p(mau) = 0,356 (valor obtido para a amostra como um todo – Tabela 4.6);
- No entanto, dispondo de uma informação adicional (que o cliente reside em casa alugada) sua medida de risco, que é a estimativa da probabilidade de que ele seja mau pagador, altera-se para 0,385 (Tabela 4.8), ou seja, a estimativa da probabilidade de que seja mau pagador aumenta discretamente;
- Quando uma informação adicional aumenta significantemente a probabilidade de ser mau pagador ("risco" de crédito), o gestor de crédito deve ficar alerta ao tomar a decisão para solicitações de crédito de clientes com essa característica. Eles poderão ser muito mais arriscados que "a média".

Esse raciocínio simples é o fundamento dos complexos sistemas de medição do risco de crédito utilizados por instituições financeiras, administradoras de cartões e outras empresas que concedem crédito. Em vez de considerar apenas o tipo de residência, consideram um conjunto com muitas informações do cliente para estimar seu risco de crédito. Se para determinado conjunto de características a probabilidade de ser mau pagador é maior que um valor aceitável, a solicitação de crédito é rejeitada.

Afinal, as variáveis STATUS e RESID estão relacionadas?

Voltamos à pergunta inicial desta seção. Conforme explicamos anteriormente, o gestor de crédito do Banco Cívico tem interesse em saber se a probabilidade de um indivíduo ser mau pagador depende ou não do tipo de residência em que vive. Caso dependa, conhecer o tipo de residência do cliente permitirá obter uma melhor avaliação de seu risco.

Para facilitar uma primeira análise, podemos calcular as frequências condicionais para cada tipo de residência.

TABELA 4.9 TABELA DE CONTINGÊNCIA DE RESIDÊNCIA X STATUS

		STATUS		
RESIDÊNCIA		**MAU**	**BOM**	**Total**
Alugada	contagem	165	264	429
	% linha	38,5%	61,5%	100,0%
Outros	contagem	149	251	400
	% linha	37,3%	62,8%	100,0%
Própria	contagem	399	772	1171
	% linha	34,1%	65,9%	100,0%
Total contagem		**713**	**1.287**	**2.000**
Total % linha		**35,7%**	**64,4%**	**100,0%**

A distribuição marginal de STATUS mostra que aproximadamente 36% dos clientes da amostra são maus e 64% são bons. Se não houvesse relação entre as duas variáveis deveríamos observar esses mesmos valores independentemente do tipo de residência. Em outras palavras, 36% dos residentes em casa alugada deveriam ser maus, 36% dos que residem em casa própria deveriam ser maus e 36% dos que residem em outro tipo de residência deveriam também ser maus.

Analisemos as porcentagens em cada linha na Tabela 4.8, que correspondem às frequências condicionais de STATUS para cada tipo de residência. Observamos que para Alugada, a porcentagem de maus é 38,5%, pouco superior a 36%; para Outros, também é um pouco superior; para Própria a porcentagem de maus, 34% é levemente inferior a 36%. As diferenças observadas entre as diferentes porcentagens de Maus para cada tipo de residência e a porcentagem de Maus na amostra como um todo são pequenas para que possamos ter uma conclusão confiável (ou seja, provavelmente correta). Em outras palavras, aparentemente não há relação entre as duas variáveis.

4.3 ANÁLISE QUANTITATIVA X QUANTITATIVA

4.3.1 CASO 2: AMOSTRAGEM ALEATÓRIA ESTRATIFICADA[4]

Uma empresa de venda de livros pela Internet deseja comparar o perfil dos clientes que preferem pagar com boleto bancário com o perfil dos que preferem pagar utilizando o cartão de crédito. A porcentagem de clientes que prefere pagar com boleto é muito baixa, igual a 5%.

Se os analistas de empresas selecionarem uma amostra aleatória simples de mil clientes, espera-se que aproximadamente 950 prefiram comprar com cartão e 50 com boleto. O gerente não se sente confortável em comparar os dois perfis utilizando uma quantidade tão pequena de clientes que preferem boleto. Para contornar esse problema decide selecionar a amostra adotando um processo de amostragem estratificada. Os clientes são separados em dois grupos (estratos): os que preferem boleto e os que preferem cartão de crédito. De cada estrato seleciona aleatoriamente 500 clientes. Posteriormente, irá corrigir as proporções de acordo com sua ocorrência na carteira de clientes como um todo (a população). Estamos admitindo que as proporções dos dois tipos de clientes são conhecidas.

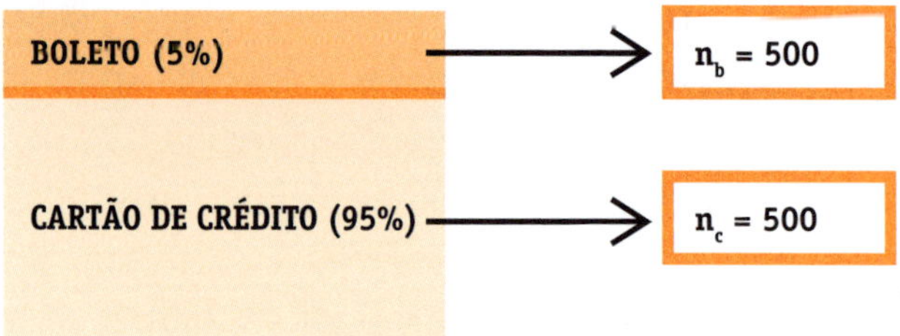

Os clientes de cada amostra são classificados segundo o tipo de leitura preferida. Os resultados são apresentados na tabela a seguir.

4 Em amostragem aleatória estratificada a população é convenientemente dividida em segmentos denominados estratos. De cada estrato (i) sorteamos aleatoriamente n_i indivíduos. Os valores de n_i não são necessariamente proporcionais ao tamanho de cada estrato. Todos os indivíduos de determinado estrato têm a mesma probabilidade de serem sorteados.

TABELA 4.10 TABELA DE CONTINGÊNCIA – TIPO DE LIVRO X FORMA DE PAGAMENTO

	TIPO DE LIVRO			
	Ficção	Não ficção	Autoajuda	Total
Boleto	250	150	100	500
Cartão	100	100	300	500

Dentro dessa amostra 400 clientes preferem livros de autoajuda, ou seja, 40% da amostra. No entanto, esse valor não é uma estimativa correta da porcentagem de clientes da empresa que adquire livros de autoajuda com maior frequência: como os tamanhos das amostras dos dois estratos não seguem as proporções populacionais (0,05 e 0,95 respectivamente) não faz sentido dar o mesmo peso às frequências de autoajuda nas duas amostras.

Vejamos a seguir como obter a distribuição conjunta das duas variáveis, corrigindo os valores de forma a respeitar as proporções populacionais.

Inicialmente, calculamos as distribuições condicionais dentro de cada estrato.

TABELA 4.11 TABELA DE CONTINGÊNCIA – TIPO DE LIVRO X FORMA DE PAGAMENTO

	TIPO DE LIVRO			
	Ficção	Não ficção	Autoajuda	Total
Boleto	0,50	0,30	0,20	1,00
Cartão	0,20	0,20	0,60	1,00

A seguir, multiplicamos as frequências em cada linha pela correspondente proporção populacional (0,05 e 0,95). A tabela resultante (Tabela 4.12) representa a distribuição conjunta das duas variáveis respeitadas as proporções populacionais.

TABELA 4.12 DISTRIBUIÇÃO CONJUNTA DE
TIPO DE LIVRO X FORMA DE PAGAMENTO

	TIPO DE LIVRO			
	Ficção	**Não ficção**	**Autoajuda**	**Total**
Boleto	0,025	0,015	0,010	0,050
Cartão	0,190	0,190	0,570	0,950
Total	**0,215**	**0,205**	**0,580**	**1,000**

Após corrigir os valores, observamos que uma estimativa correta da porcentagem de clientes da população que prefere livros de autoajuda é 58% e não 40%, como poderíamos ser levados a concluir se não ponderássemos as frequências de ocorrência.[5]

4.4 TEOREMA DE BAYES

Vamos apresentar esse importante teorema da teoria de probabilidades com ajuda do exemplo anterior.

Vamos admitir que um novo cliente vai adquirir livros pela Internet. Qual a probabilidade de que ele prefira pagar com boleto?

Se não temos informação sobre a forma de pagamento, nossa melhor estimativa é p(Boleto) = 0,05. Se temos informação sobre tipo de livros que o cliente irá adquirir, essa estimativa pode mudar.

Admitamos que o cliente prefira livros de autoajuda. Pela tabela acima sabemos que 58% dos clientes preferem livros de autoajuda. Destes, 1% prefere pagar com boleto e 57% com cartão. Portanto, podemos concluir que se um cliente prefere livros de Auto Ajuda a probabilidade de que prefira pagar com boleto será p(boleto | autoajuda) = 0,010/0,58 = 0,017. Em outras palavras, ao saber que o tipo de livro preferido por um cliente é de autoajuda, a probabilidade de que prefira o boleto cai de 0,050 (5,0%) para 0,017 (1,7%)

O leitor deve estar pensando "cadê o teorema de Bayes?". Na realidade, o raciocínio anterior segue a fórmula do teorema de Bayes. Apesar

5 Um esquema alternativo para ponderar as frequências relativas seria a "árvore de possibilidades". No entanto, nossa experiência sugere que o procedimento acima é mais bem aceito pelos estudantes e em geral conduz a menos erros.

de simples, ele é fundamental na tomada de decisões. A fórmula que exprime o teorema é dada a seguir:

$$p(A \mid B) = \frac{p\,(A) \times p\,(B \mid A)}{p\,(B)}$$

Aplicado ao nosso exemplo, teremos:

A = Boleto B = autoajuda. Da tabela temos que:

p(autoajuda | Boleto) = 0,01 / 0,05 = 0,20

$$p\,(\text{Boleto} \mid \text{autoajuda}) = \frac{p\,(\text{Boleto}) \times p(\text{autoajuda} \mid \text{Boleto})}{p\,(\text{autoajuda})} = \frac{0{,}05 \text{ x } 0{,}0}{0{,}58} = 0{,}017$$

Inicialmente, calculamos a probabilidade de comprar Auto Ajuda para quem prefere pagar com Boleto, isto é P(Auto Ajuda | Boleto). Com esta informação e as probabilidades a priori P(Boleto) e P(Auto Ajuda) podemos calcular P(Boleto | Auto Ajuda). Note que saímos da informação B | A para chegar à informação A | B.

4.4.1 IMPORTÂNCIA DO TEOREMA DE BAYES

O Teorema de Bayes permite calcular a probabilidade de uma "causa" uma vez conhecido o "sintoma". Essa propriedade é fundamental nos processos de tomada de decisão. Basta lembrar que, conhecendo os sintomas, os médicos diagnosticam uma doença (causa). Em outras palavras, quando o leitor for ao médico e ele lhe perguntar uma série de informações a seu respeito, lembre que ele está aplicando o Teorema de Bayes, partindo dos sintomas para diagnosticar a causa.

Para ilustrar melhor esse teorema, vamos considerar um exemplo na área de Recursos Humanos (RH): o gerente de RH de uma grande empresa está preocupado com o número de funcionários que, após receberem um treinamento intensivo, abandonam a empresa antes de completar um ano, indo trabalhar em concorrentes. O custo desse treinamento é alto e o gerente deseja aperfeiçoar o processo de seleção de novos funcionários para evitar essas perdas. Atualmente 25% dos funcionários abandonam o emprego antes de completar um ano. As probabilidades de abandono (0,25) e de permanência (0,75) são denominadas probabilidades *a priori*.[6]

Para analisar melhor as características dos funcionários, seleciona aleatoriamente uma amostra de 200 funcionários que deixaram a empresa antes de completar um ano e outra de 300 funcionários que permaneceram pelos menos um ano. Uma das características que analisou é a faixa etária desses funcionários. Os resultados encontram-se na Tabela 4.13.

TABELA 4.13 TABELA DE CONTINGÊNCIA

	FAIXA ETÁRIA				
SITUAÇÃO	**18-25**	**26-35**	**36-45**	**45 ou mais**	**Total**
Abandona	30	80	50	40	200
Permanece	60	150	60	30	300

É importante para o gerente de RH conhecer a distribuição de SITUAÇÃO para cada FAIXA ETÁRIA. Dessa forma, dada uma faixa etária é possível prever o risco de abandono de um futuro funcionário. São essas as probabilidades de interesse que o Teorema de Bayes permite calcular.

Por exemplo, se um candidato a emprego está na faixa 26-35 anos, qual a probabilidade de abandono? Para obter esse valor, apliquemos o teorema de Bayes.

$$p(\text{abandono} \mid 26\text{-}35) = \frac{p\,(\text{abandono}) \times p(26\text{-}35 \mid \text{abandono})}{p(26\text{-}35)}$$

p (abandono) = 0,25 (é a probabilidade *a priori*);

p (26-35|abandono) = 80 / 200 = 0,40.

Para calcular p (26-35), precisamos ponderar as proporções de (26-35) dentro da categoria de SITUAÇÃO pelas probabilidades "a priori".

p (26-35) = (0,25) (80/200) + (0,75) (150/300) = 0,475, então:

6 É a única informação que temos antes ("a priori") de saber qual a faixa etária do candidato.

$$p\,(\text{abandono} \mid 26\text{-}35) = \frac{p\,(\text{abandono}) \times p\,(26\text{-}35 \mid \text{abandono})}{p\,(26\text{-}35)} = \frac{0{,}25 \times 0{,}40}{0{,}475} = 0{,}211$$

Repetindo esse cálculo para as demais faixas etárias, teremos:

p (abandono|18-25) = 0,200 p (abandono|26-35) = 0,211

p (abandono|36-45) = 0,294 p (abandono|45 +) = 0,400.

Esses resultados sugerem que candidatos com 45 anos ou mais são os que têm maior probabilidade de abandonar o emprego antes de completar um ano. Em geral, à medida que a idade aumenta, maior é a probabilidade de abandono. Essas informações orientarão o gerente de RH para, no que depender apenas de faixa etária, concentrar sua preferência nos candidatos mais jovens.

Se outras características dos candidatos forem consideradas (por exemplo, grau de instrução, estado civil), o Teorema de Bayes permitirá calcular p(abandono|faixa etária, grau de instrução, estado civil).

Em suma, aplicando o teorema de Bayes, teremos uma base melhor para a tomada de decisão ao contratar funcionários.

4.5 ANÁLISE BIVARIADA: QUANTITATIVA X QUALITATIVA

Consideremos o caso em que desejamos comparar as vendas semanais de cinco filiais de uma rede de farmácias. Nessa análise, temos uma variável quantitativa (Vendas semanais, em $) e uma variável qualitativa (nome da filial). A melhor forma de analisar as diferenças é comparando os *box plots* das vendas para cada filial. A Figura 4.1 mostra como os *box plots* ajudam a comparar as cinco filiais.

Analisando a figura notamos que:

- A filial 5 é a que apresenta maiores vendas semanais; a filial 3 apresenta os menores valores para as vendas semanais;
- As vendas nas filiais 2 e 5 apresentam maior variabilidade que as das demais filiais;
- As distribuições são aproximadamente simétricas;
- A mediana das vendas da filial 1 é aproximadamente igual a $100; a mediana das vendas da filial 2 é aproximadamente igual a $120 etc.

Em suma, a figura permite uma boa análise comparativa das cinco filiais.

FIGURA 4.1 COMPARAÇÃO DAS VENDAS SEMANAIS POR FILIAL

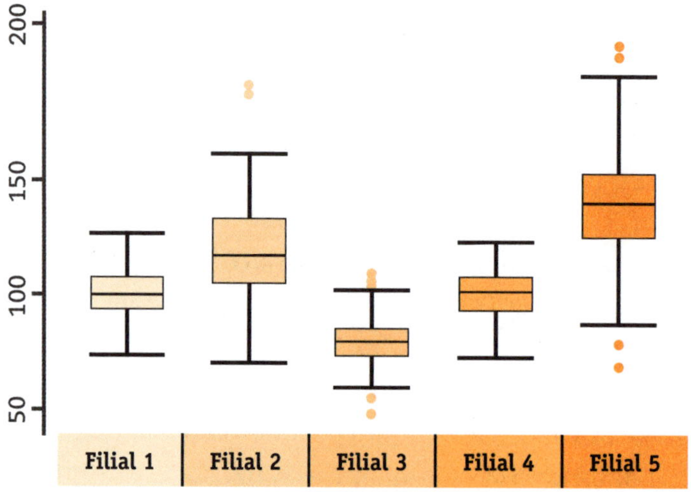

Uma análise alternativa quando comparamos a variação de uma variável quantitativa para as diferentes categorias de uma variável qualitativa consiste em discretizar a variável quantitativa e cair no caso de comparação de duas variáveis quantitativas. Vamos exemplificar esse procedimento para o caso das cinco filiais. As vendas foram divididas em faixas de amplitude 25, começando no valor 40 e terminando no valor 215 (o menor valor amostral era 45 e o maior 209)

FIGURA 4.2 DISTRIBUIÇÕES DAS VENDAS SEMANAIS, POR FILIAL

VENDAS	Filial 1	Filial 2	Filial 3	Filial 4	Filial 5
40-65	0%	0%	13%	0%	0%
65-90	16%	10%	80%	15%	2%
90-115	76%	32%	14%	78%	13%
115-140	9%	41%	0%	8%	35%
140-165	0%	17%	0%	0%	40%
165-190	0%	1%	0%	0%	9%
190-215	0%	1%	0%	0%	3%

No entanto, a comparação das distribuições utilizando os *box plots* é mais conveniente. Dá uma ideia mais clara das diferenças entre elas.

EXERCÍCIOS

1. Em uma fábrica com 4 mil funcionários, 75% são do sexo masculino. Uma amostra de 200 homens e outra de 200 mulheres foram selecionadas aleatoriamente para analisar a distribuição das idades (em anos). Obteve-se a seguinte tabulação:

	IDADE (anos)				
SEXO	**18 a 25**	**26 a 35**	**36 a 49**	**50 a 65**	**Total**
Homens	10	120	50	20	200
Mulheres	60	60	60	20	200

   a. Se um funcionário tem menos de 36 anos, qual a probabilidade de que seja uma mulher?
   b. Estime a idade média dos 4 mil funcionários dessa empresa.
   c. Aparentemente, a distribuição das idades depende do sexo? (Compare os histogramas.)

2. Uma amostra de 500 alunos de uma universidade foi selecionada aleatoriamente. Os alunos foram classificados quanto a sexo, faixa etária e cor preferida. Os resultados estão na Tabela 4.15 a seguir.
   a. Estime as distribuições marginais das três variáveis (sexo, faixa etária, cor preferida).
   b. Estime a distribuição conjunta de frequências relativas das variáveis sexo e cor para os alunos com 24 anos ou menos.
   c. Dentre os alunos que preferem a cor verde, estime a proporção que tem sexo feminino ou menos de 21 anos.
   d. Compare as distribuições de faixa etária para os dois sexos. Aparentemente, há diferença?

		IDADE (anos)		
SEXO	**Faixa Etária**	**Azul**	**Verde**	**Vermelho**
M	até 20	-	20	10
	21 até 24	40	100	40
	25 ou mais	30	10	10
F	até 20	30	30	10
	21 até 24	60	40	40
	25 ou mais	20	-	10
	Total	**180**	**200**	**120**

3. Duas amostras de candidatos em um vestibular unificado foram selecionadas. A primeira amostra, de tamanho 300, foi selecionada entre os candidatos do sexo masculino. A segunda, também de tamanho 300, foi selecionada entre os candidatos de sexo feminino. Sabe-se que há 10 mil candidatos, dos quais 6 mil do sexo masculino. Os 600 alunos selecionados foram classificados quanto à sua primeira opção.

	PREFERÊNCIA			
SEXO	**Engenharia**	**Medicina**	**Economia**	**Administração**
M	100	80	20	100
F	50	20	80	150

Se um candidato optou por medicina, qual a probabilidade de que seja FEM?

4. Uma grande empresa, que vende cosméticos em domicílio, tem 4 mil vendedores. Destes, apenas 1.600 receberam treinamento. Selecionou-se uma amostra de 300 vendedores sem treinamento e outra de 200 com treinamento. Dentre os vendedores sem treinamento, 80 foram classificados como fracos, 200 médios e os demais como bons. Dentre os 200 com treinamento, 140 foram classificados como médios e 60 como bons.
   a. Dentre os 4 mil vendedores, estime a proporção de fracos, médios e bons.

b. Se um vendedor é classificado como bom, qual a probabilidade de que tenha feito o treinamento?

5. Foram selecionados 200 homens e 200 mulheres separada e aleatoriamente de uma população com 60% de homens e 40% de mulheres. Foram classificados por faixa etária conforme mostra a tabela seguinte:

Idade	Homens	Mulheres
até 18	5	10
19 a 25	15	20
26 a 35	30	30
36 a 45	40	40
46 a 55	50	60
56 a 65	30	20
66 a 75	20	10
75 ou mais	10	10

a. Uma pessoa é considerada jovem até os 25 anos; adulta de 26 a 55 anos e velha de 56 anos em diante. Qual a proporção estimada de pessoas adultas nessa população?
b. Se uma pessoa tem mais de 35 anos, qual a probabilidade de que seja mulher?

6. Considere as variáveis da planilha LOJAS DUMMY.

Represente e compare as distribuições de cada uma das variáveis quantitativas do banco de dados em cada um dos três departamentos com auxílio de *box plots*. Faça os três *box plots* em um mesmo gráfico para facilitar a comparação.

c. Compare e comente a distribuição da variável LOCAL nos três departamentos. Monte a tabela de contingência Local x Departamento e represente as três distribuições de LOCAL em um mesmo gráfico.
d. Após essas análises, faça um resumo das diferenças entre os três departamentos.

7. Considere as variáveis da planilha MANOLI.
   a. Represente e compare as distribuições de cada uma das variáveis quantitativas do banco de dados em cada um dos dois canais de vendas (CANAL) com auxílio de *box plots*. Para cada variável quantitativa faça os dois *box plots* em um mesmo gráfico para facilitar a comparação.
   b. Compare e comente a distribuição de cada variável qualitativa em cada um dos dois canais de vendas. Para cada variável quantitativa monte as tabelas de contingência e represente as duas distribuições em um mesmo gráfico.
   c. Após essas análises faça um resumo das diferenças entre os dois tipos de clientes (INTERNET e LOJA). Quais as principais diferenças entre eles?

8. Considere as variáveis da planilha DORELA.
   a. Represente e compare as distribuições de cada uma das variáveis quantitativas do banco de dados para cada um dos dois tipos de clientes (BOM e MAU) com auxílio de *box plots*. Para cada variável quantitativa faça os dois *box plots* em um mesmo gráfico para facilitar a comparação.
   b. Compare e comente a distribuição de cada variável qualitativa para cada um dos dois tipos de clientes. Para cada variável quantitativa monte as tabelas de contingência e represente as duas distribuições em um mesmo gráfico.
   c. Após essas análises faça um resumo das diferenças entre os dois tipos de clientes (BOM e MAU). Quais as principais diferenças entre eles?

9. Considere as variáveis da planilha TELETANG.
   a. Represente e compare as distribuições de cada uma das variáveis quantitativas do banco de dados para cada um dos dois tipos de ATRASO (SIM ou NÃO) com auxílio de *box plots*. Para cada variável quantitativa faça os dois *box plots* em um mesmo gráfico para facilitar a comparação.

b. Compare e comente a distribuição de cada variável qualitativa para cada um dos dois tipos de ATRASO. Para cada variável quantitativa monte as tabelas de contingência e represente as duas distribuições em um mesmo gráfico.
c. Após essas análises faça um resumo das diferenças entre os dois tipos de clientes (SIM e NÃO). Quais as principais diferenças entre eles?

Capítulo 5

ANÁLISE DE DUAS VARIÁVEIS QUANTITATIVAS

INTRODUÇÃO

Como já vimos anteriormente, a análise do comportamento individual das variáveis é necessária em todo problema estatístico; no entanto, em alguns casos, ela não é suficiente. Alguns problemas demandam entendimento do comportamento conjunto das variáveis. Este capítulo trata da análise simultânea de duas variáveis quantitativas. Vamos discutir o diagrama de dispersão, o coeficiente de correlação linear e a regressão linear simples.

5.1 DIAGRAMA DE DISPERSÃO

Ao analisar duas variáveis quantitativas, o primeiro passo é fazer um gráfico que permita visualizar a relação entre essas variáveis. Esse gráfico é denominado diagrama de dispersão.

A Figura 5.1 é o diagrama de dispersão das variáveis PREÇO de um imóvel, em $100, e IMPOSTO municipal, em $.

FIGURA 5.1 DIAGRAMA DE DISPERSÃO DE IMPOSTO X PREÇO

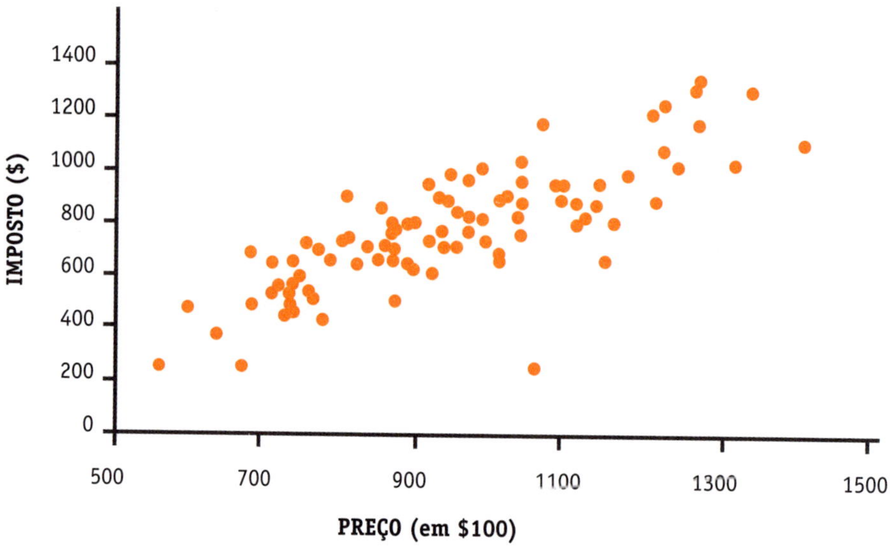

Observamos que o valor do imposto cresce linearmente com o preço do imóvel. Verificamos também que há um imóvel para o qual o valor do imposto é muito baixo (~ $200) quando confrontado com o PREÇO do imóvel (~$1.100). É um outlier cuja origem precisa ser investigada.

5.2 COEFICIENTE DE CORRELAÇÃO LINEAR

O coeficiente de correlação linear de Pearson, ou simplesmente coeficiente de correlação, denotado pela letra r, mede o grau de associação linear entre duas variáveis quantitativas. Esse coeficiente assume valores entre -1 e 1.

Quando o coeficiente de correlação é igual a 1, diz-se que as duas variáveis possuem uma correlação positiva perfeita. Para ilustrar esse conceito, considere que o governo paga uma bolsa de R$ 400 para cada criança da família que esteja na escola. Nesse caso existe uma correlação perfeita e positiva entre as duas variáveis (número de crianças na escola e total da bolsa). A Tabela 5.1 e a Figura 5.2 apresentam os valores e o gráfico deste exemplo, respectivamente.

TABELA 5.1 CORRELAÇÃO POSITIVA PERFEITA

Crianças	Bolsa
1	R$ 400,00
2	R$ 800,00
3	R$ 1.200,00
4	R$ 1.600,00
5	R$ 2.000,00
6	R$ 2.400,00
7	R$ 2.800,00
8	R$ 3.200,00
9	R$ 3.600,00
10	R$ 4.000,00
11	R$ 4.400,00
12	R$ 4.800,00

FIGURA 5.2 CORRELAÇÃO POSITIVA PERFEITA

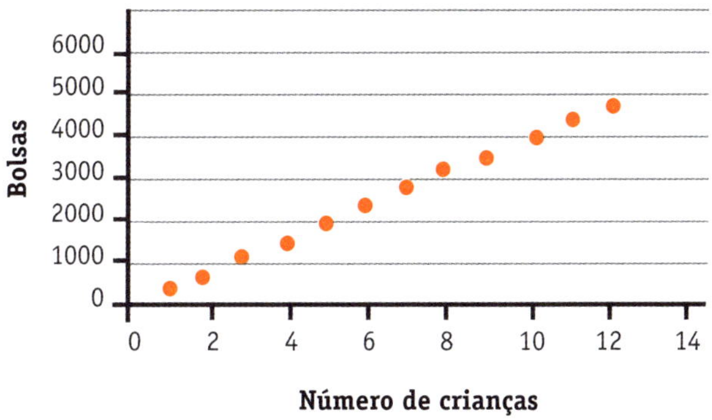

Quando o coeficiente de correlação é igual a -1, diz-se que as variáveis possuem uma correlação negativa perfeita. Para exemplificar a correlação negativa perfeita, imagine que uma locadora de veículos possua um carro que consuma um litro de gasolina para cada 15 km percorridos. O tanque do carro é abastecido todas as manhãs e possui uma capacidade total de 50 litros. Caso o proprietário da locadora relacione os litros remanescentes no tanque ao final do dia com a distância percorrida pelo carro, ele irá encontrar os seguintes dados:

TABELA 5.1 CORRELAÇÃO NEGATIVA PERFEITA

Distância percorrida	Litros Remanescentes
675,00	5
600,00	10
525,00	15
450,00	20
375,00	25
300,00	30
225,00	35
150,00	40
75,00	45

FIGURA 5.3 CORRELAÇÃO NEGATIVA PERFEITA

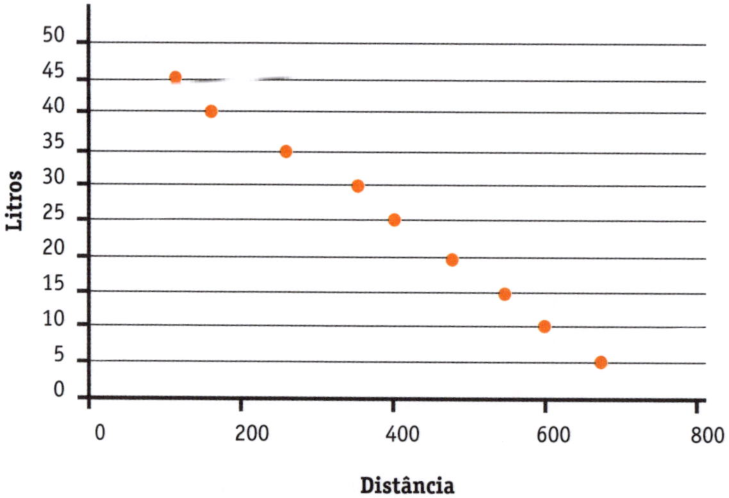

Quando o coeficiente de correlação é igual a 0, diz-se que as variáveis possuem correlação nula, ou seja, as variações de uma variável não estão associadas *linearmente* às variações da outra variável. Na figura Figura 5.4 temos um exemplo de dispersão em que a correlação entre os pontos é nula.

FIGURA 5.4 DIAGRAMA DE DISPERSÃO – CORRELAÇÃO NULA

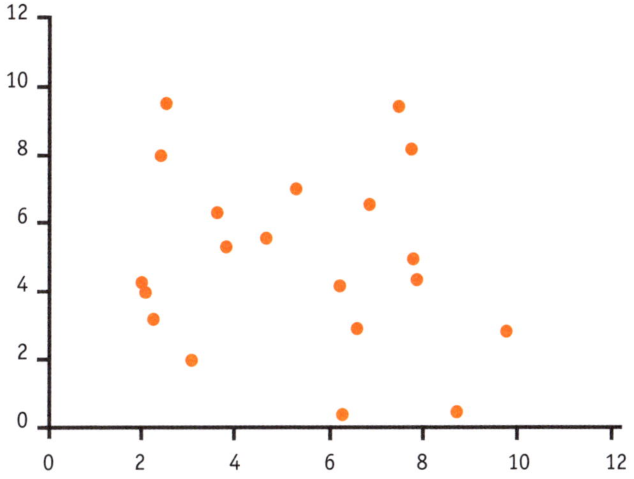

A Figura 5.5 mostra outro caso em que a correlação é nula. Apesar de todos os pontos caírem em uma reta, a variação de uma variável não é acompanhada pela variação da outra variável. Enquanto a variável no eixo horizontal cresce, a variável no eixo vertical não se altera.

FIGURA 5.5 DIAGRAMA DE DISPERSÃO – CORRELAÇÃO NULA

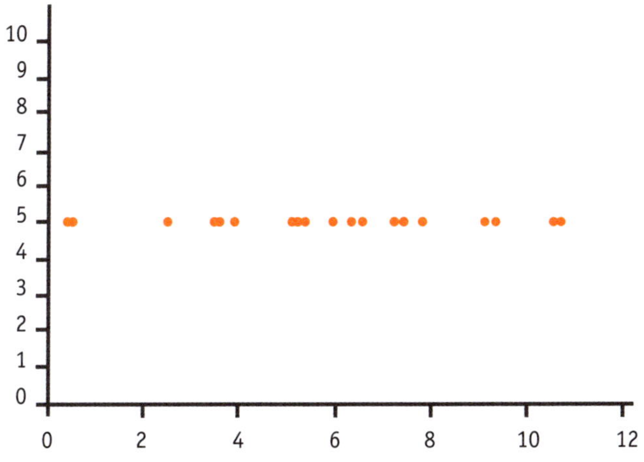

Apesar de definições dadas sobre correlações positiva perfeita, negativa perfeita e nula serem corretas do ponto de vista teórico, do ponto de vista prático esses valores (-1, 0 e 1) dificilmente são observados. Os valores de r variam entre os limites -1 e 1. Alguns autores propõem a classificação da magnitude do coeficiente da seguinte maneira:

$0,0 \leq |r| \leq 0,3$ ➠ correlação fraca

$0,3 < |r| \leq 0,7$ ➠ correlação moderada

$0,7 < |r| \leq 1,0$ ➠ correlação forte

Estas classificações, arbitrárias, não devem ser levadas "ao pé da letra". Os autores recomendam que sejam utilizadas apenas para ter uma ideia da magnitude da correlação e não como elemento de decisão.

Uma transformação linear na forma em que se mede uma ou as duas variáveis não altera o coeficiente de correlação entre elas. Por exemplo, se medimos o coeficiente de correlação entre as exportações anuais de um país, em Reais, e o valor do PIB correspondente, esse coeficiente não se alterará se medirmos essas exportações em Dólares em vez de Reais. Da mesma forma, medir a altura de um indivíduo em metros, centímetros ou pés conduz ao mesmo valor do coeficiente de correlação entre altura e peso, pois essas diferentes escalas de altura estão relacionadas linearmente. A correlação é uma medida adimensional, isto é, ela não possui uma unidade de medida como centímetros, litros, reais etc.

Devemos ter sempre muita cautela ao tentar comparar visualmente coeficientes de correlação, pois podemos ser facilmente enganados por mudanças na escala do gráfico ou na unidade de medida de uma das variáveis. Observe os dois gráficos abaixo na Figura 5.. Apesar dos pontos do gráfico que fica à direita parecerem mais aderentes à reta, os valores utilizados para fazer os dois gráficos são os mesmos! Os coeficientes de correlação nos dois casos são idênticos. A única alteração foi a mudança das escalas dos eixos.

FIGURA 5.6 COMPARAÇÃO DE DOIS DIAGRAMAS DE DISPERSÃO

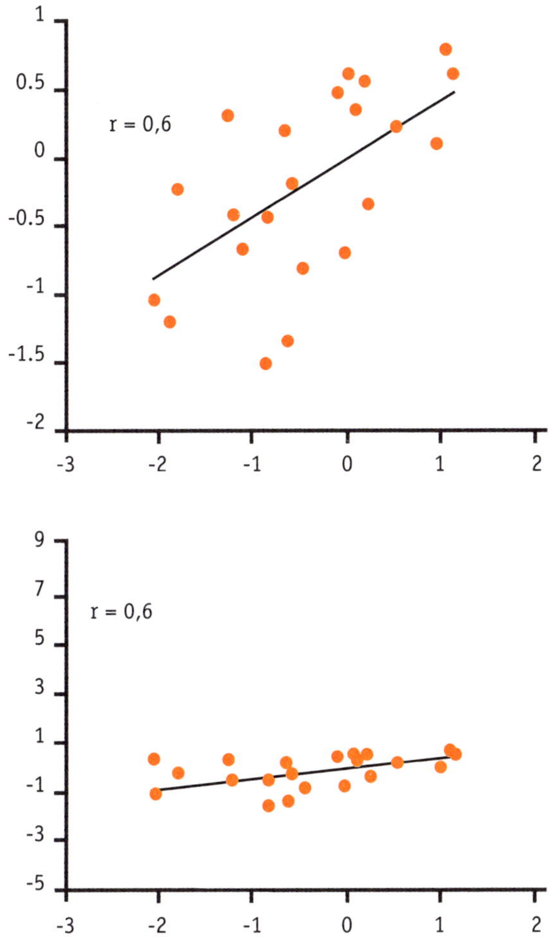

Devemos notar também que o determinante visual da correlação linear é a proximidade dos pontos a uma reta, e não a inclinação desta reta. Maior correlação não significa maior inclinação da reta ajustada aos pontos.

Vale reforçar que a correlação mede apenas a associação linear entre duas variáveis, ou seja, o fato de o coeficiente de correlação ser baixo ou nulo não implica que as variáveis sejam dissociadas. O gráfico de dispersão da Figura 5.7 mostra claramente que existe uma relação matemática quase perfeita entre as duas variáveis.[1] No entanto o coeficiente de correlação é muito baixo (~ - 0,2).

1 Na realidade, o gráfico foi criado a partir da relação y = seno x

FIGURA 5.7 RELAÇÃO ENTRE X E Y

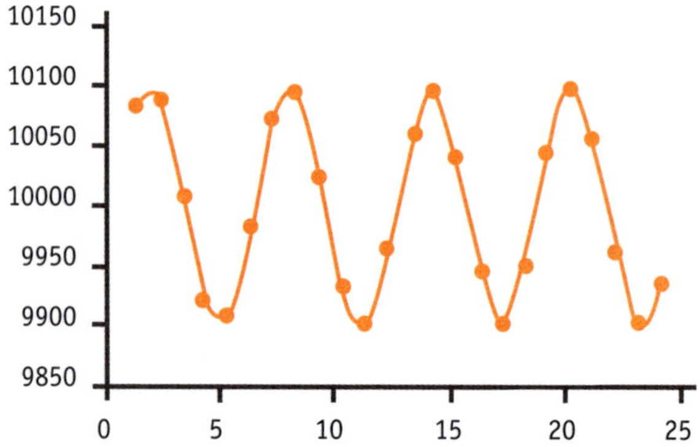

5.2.1 CAUSALIDADE, CORRELAÇÃO ESPÚRIA

A correlação de duas variáveis não significa que uma seja a causa da outra. Por exemplo, se correlacionarmos o número de natimortos em algumas regiões da África com o número de TV's per capita nessas regiões, notaremos que essas variáveis possuem correlação negativa. Isso não significa que se aumentarmos o número de TV's per capita teremos uma redução no número de natimortos! Na realidade o que ocorre é que regiões com maior número de TV's per capita provavelmente são regiões mais ricas. Isso implica melhores condições de vida para seus habitantes e, portanto, menor número de natimortos.

Outro exemplo interessante resulta da anedota "quanto maior o número de médicos de um hospital, maior o número de mortos". Na realidade o que ocorre é que, quanto maior o hospital, maior será o número de médicos e também o número de pacientes. Portanto, maior será o número de mortes.

Um exemplo curioso em que temos elevada correlação é o caso em que a variável Y é o número de deficientes mentais por 10 mil habitantes na Grã-Bretanha e a variável X o número de letras do primeiro nome do presidente dos Estados Unidos na época. O leitor poderá verificar que essa correlação é aproximadamente igual a 1,0!!! Claro que se trata de mera coincidência.

TABELA 5.2 DEFICIENTES MENTAIS (B) X LETRAS DO NOME DO PRESIDENTE(C)

ANO	B	C
1924	8	Calvin
1925	8	Calvin
1926	9	Calvin
1927	10	Calvin
1928	11	Calvin
1929	11	Calvin
1930	12	Herbert
1931	16	Herbert
1932	18	Herbert
1933	19	Herbert
1934	20	Franklin
1935	21	Franklin
1936	22	Franklin
1937	23	Franklin

Fonte: MONTGOMERY, D. C.; PECK, E. A. *Introduction to linear regression analysis*. New York: Wiley, 1982.

5.2.2 O EFEITO DE OUTLIERS SOBRE A CORRELAÇÃO

Antes de avaliar a magnitude do coeficiente de correlação, é necessário analisar o diagrama de dispersão para diagnosticar a existência de outliers. A presença de um ou mais outliers pode distorcer fortemente o coeficiente de correlação. Ilustramos esse fato com o exemplo a seguir na Figura 5.8. No gráfico à direita introduzimos um ponto adicional com ordenadas x = 25 e y = 25. A correlação passou de um valor negativo (- 0,20) a um valor positivo (0,67), muito maior em valor absoluto.

FIGURA 5.8 INFLUÊNCIA DE UM OUTLIER

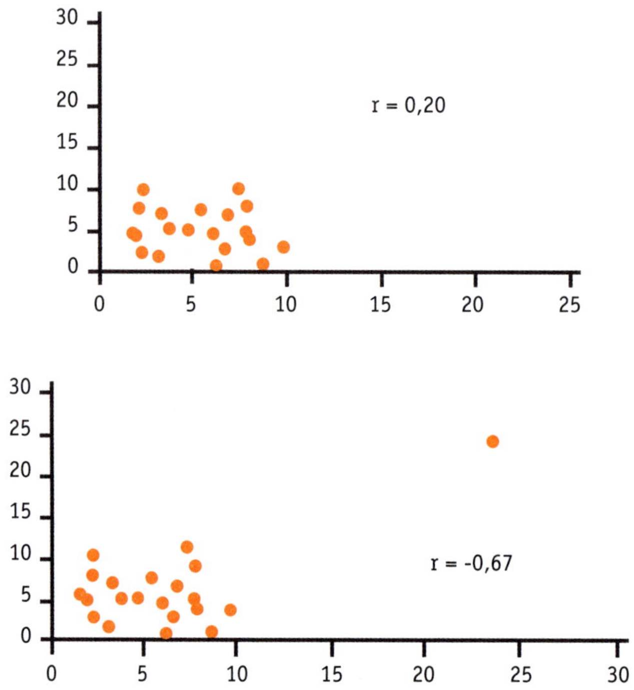

NOTAS COMPLEMENTARES

1. A fórmula do coeficiente de correlação é dada por

$$r = \frac{\dfrac{\sum_i (x_i - \bar{x})(y_i - \bar{y})}{n}}{dp(x) \times dp(y)}$$

2. A maior parte dos softwares, inclusive o Excel, permite o cálculo do coeficiente de correlação. Muitas calculadoras também possibilitam esse cálculo.
3. O numerador dessa expressão é denominado covariância de X e Y. Assim como o coeficiente de correlação, a covariância também é uma medida de associação linear entre as duas variáveis.

$$\text{covar}(x, y) = \frac{\sum_i (x_i - \bar{x})(y_i - \bar{y})}{n}$$

4. Diferentemente do coeficiente de correlação, a covariância é sensível à forma como medimos as variáveis. Por exemplo, se medirmos a correlação entre as exportações mensais do Brasil e da Argentina, expressando os valores em Reais e Pesos, teremos o mesmo valor que teriamos se transformarmos os valores das exportações para dólares. A covariância, medindo as exportações em Reais e Pesos não é a mesma que será obtida medindo os valores das exportações em dólares.

5.3 REGRESSÃO LINEAR

5.3.1 INTRODUÇÃO

Como vimos anteriormente, o coeficiente de correlação mede o grau de associação linear entre as variáveis, isto é, o quão bem o conjunto de dados pode ser aproximado por uma reta.

No entanto, muitas vezes o objetivo do analista é entender como a variação de determinada variável, digamos X, afeta a variação da outra variável, Y. Nesse caso, embora o coeficiente de correlação seja informativo, pois nos dará a direção do efeito (se positivo ou negativo), ele não será suficiente para atender o objetivo do analista.

Para tornar a discussão mais palpável, imagine que um administrador deseja entender como os seus gastos em publicidade aumentam as vendas no seu ramo de negócios. Para isso, ele dispõe de um banco de dados com os gastos com publicidade de diversas empresas de seu ramo e o total de vendas correspondente. Os dados encontram-se na tabela Tabela 5.3 e o diagrama de dispersão na Figura 5. 9

TABELA 5.3 VENDAS X PUBLICIDADE

Publicidade (x)	Vendas (y)
9000	159844
6000	159922
10000	164471
2000	150801
8000	157007
11000	169565
4000	157018
12000	163519
1000	150359
5500	155709

FIGURA 5.9 DIAGRAMA DE DISPERSÃO DE VENDAS X PUBLICIDADE

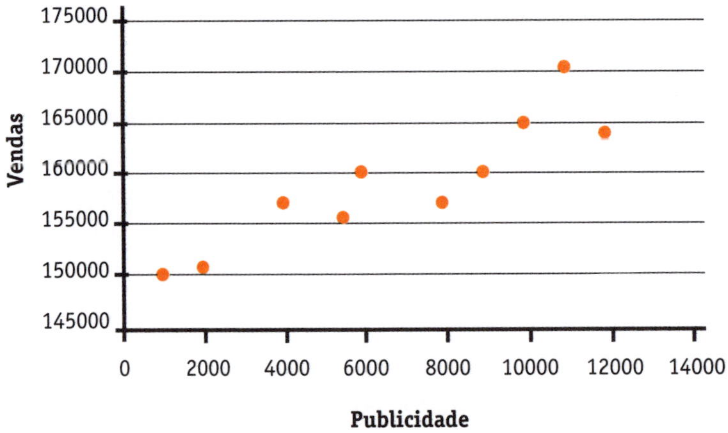

O diagrama sugere que a relação entre Vendas (y) e Publicidade (x) pode ser representada por uma reta. Observamos na Figura 5.10 que os pontos, se não todos, não cairão em cima de uma reta. Podemos, então, decompor o valor de y em duas partes: y = (a+bx) + e.

FIGURA 5.10 DIAGRAMA DE DISPERSÃO DE VENDAS X PUBLICIDADE

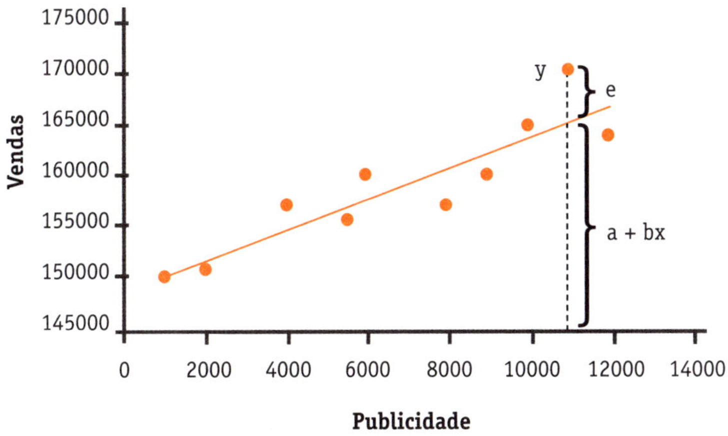

No nosso exemplo, x é o valor em reais dos gastos em publicidade e y o valor em reais das vendas. O que a equação y = (a+bx) + e nos diz é que para cada valor x_i, o valor observado de y, pode ser expresso por uma função linear de x (a+bx) e um resíduo e. Fica claro que, quanto melhor for o ajuste da reta aos pontos, menores serão os resíduos.

Determinar a reta que "melhor" se ajusta aos pontos é determinar a reta para os quais os resíduos sejam os menores possíveis. Como a cada ponto corresponde um resíduo, devemos definir um critério baseado em uma medida que contemple todos os resíduos. A "melhor" reta será aquela que minimizar essa medida. Definiremos essa medida como a soma dos quadrados dos resíduos:

$$\text{soma dos quadrados dos resíduos} = \sum_i e_i^2 = \sum_i [y_i - (a + bx_i)]^2$$

O índice i distingue cada um dos n pontos da amostra, variando de i=1 a i=n. Determinar a reta que "mais bem" se ajusta aos pontos pelo critério dos mínimos quadrados significa determinar os valores de a e b para os quais essa soma de quadrados é mínima[2]. É possível demonstrar que esses valores são iguais a:

2 Há outros critérios para definir o que seja o "melhor" ajuste. Esses outros critérios em geral conduzem a uma reta próxima à obtida com os mínimos quadrados. As diferenças maiores ocorrem no caso de termos pontos considerados outliers.

$$b = \frac{\sum_i (x_i - \bar{x}) y_i}{\sum_i (x_i - \bar{x})^2} \qquad a = \bar{y} - \bar{x}b$$

Na realidade, o leitor dificilmente irá calcular essas fórmulas diretamente. A maioria dos softwares, incluindo o Excel, e as máquinas de calcular científicas, nos fornece esses valores automaticamente, a partir da imputação dos valores de x e y.

Utilizando esse critério para nosso exemplo, obtemos a equação:
Vendas´= 1,433 × Publicidade + 149003

Utilizamos o símbolo Vendas´, em vez de Vendas, para diferenciar o valor estimado calculado utilizando a equação da reta do valor real observado. A equação obtida é denominada equação de regressão de Vendas sobre Publicidade. Como veremos adiante, ela difere da reta de regressão de Publicidade sobre Vendas.

FIGURA 5.11 RETA DE MÍNIMOS QUADRADOS DE VENDAS SOBRE PUBLICIDADE

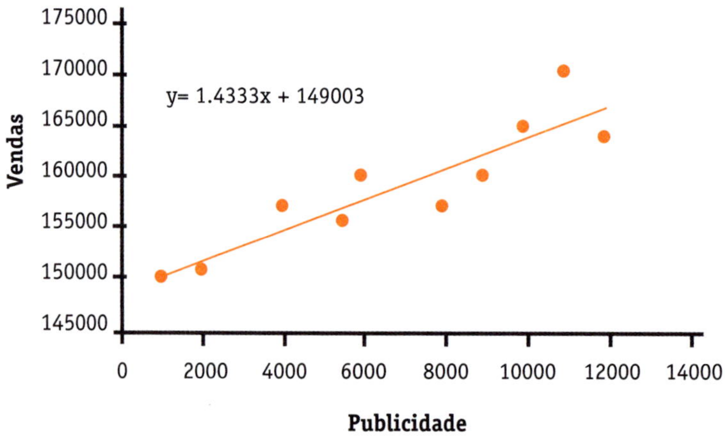

5.3.2 INTERPRETAÇÃO DOS PARÂMETROS A E B

O parâmetro a da equação da reta corresponde ao coeficiente linear da reta, também denominado intercepto. Em geral, a interpretação de a só faz sentido se o valor x = 0 pertencer à faixa de valores considerados no estudo. Nesse caso ele representa o valor esperado de y quando x = 0.

O parâmetro b é o coeficiente angular da reta. Ele indica o quanto aumenta y quando x aumenta de uma unidade. Em nosso exemplo, ele corresponde à variação esperada de vendas quando Publicidade aumenta de R$ 1,00. Em outras palavras, para cada R$ 1,00 gasto a mais em Publicidade, as Vendas aumentam em média R$ 1,43.

5.3.3 CÁLCULO DAS ESTIMATIVAS DE VENDAS

Para estimar o valor esperado de vendas, para determinado nível de gasto em publicidade, aplicamos a equação da reta de regressão. Por exemplo, se o gasto em Publicidade for igual a 5 mil, o valor esperado de Vendas será:

$$\text{Vendas}' = 1{,}433 \times 5000 + 149003 = 156168$$

Nem todas as empresas que investirem R$ 5.000,00 em Publicidade atingirão exatamente esse valor de Vendas. Outras variáveis influem nas Vendas de uma empresa. Porém, se o modelo estiver especificado corretamente, esse valor corresponderá à média dos valores de vendas das empresas desse ramo com gastos em publicidade no valor de R$ 5.000,00.

Quando estudamos a relação entre Vendas e Publicidade, os valores desta última variável estão no intervalo de R$ 1.000,00 a R$ 12.000,00. Não podemos garantir que a reta de regressão encontrada seja válida para valores de Publicidade fora dessa faixa. Por exemplo, investimentos muito inferiores a R$ 1.000,00 podem não afetar as Vendas; investimentos muito altos em publicidade podem afetar as vendas de forma distinta à dos amostrais. Em outra palavras, devemos tomar muito cuidado ao fazer estrapolações, pois o modelo linear pode não ser válido fora da faixa de estudo. Nesses casos é importante consultar um especialista no tema em estudo para discutir a possível validade do modelo fora da faixa de estudo.

5.3.4 ANÁLISE DOS RESÍDUOS

Como vimos nas seções anteriores, o valor previsto pelo modelo y' = a + bx raramente é igual ao valor exato de y. A diferença entre esses valores é chamada de erro ou resíduo. Denotando o resíduo pela letra e, temos que $e_i = y_i - y'_i = y_i - (a+bx_i)$ para todos os valores de i (i = 1,...,n).

A Tabela 5.4, obtida com Excel, apresenta os valores de y'_i, dos resíduos e dos resíduos padronizados, que serão discutidos adiante.

TABELA 5.4 RESULTADOS DA REGRESSÃO

Publicidade (x)	Vendas (y)	Previsto (y'_i)	Resíduos (e_i)	Resíduos padronizados (d_i)
9000	159844	161903,07	-2059,07	-0,79
6000	159922	157603,20	2318,80	0,89
10000	164471	163336,36	1134,64	0,44
2000	150801	151870,05	-1069,05	-0,41
8000	157007	160469,78	-3462,78	-1,33
11000	169565	164769,65	4795,35	1,84
4000	157018	154736,63	2281,37	0,88
12000	163519	166202,94	-2683,94	-1,03
1000	150359	150436,76	-77,76	-0,03
5500	155709	156886,56	-1177,56	-0,45

O resíduo representa, em parte, a influência de outras variáveis que, além de x, afetam o valor de y. Mesmo que os valores de y dependessem apenas de x, ainda assim poderíamos ter resíduos, pois a reta é uma representação aproximada da relação entre y e x.

A análise dos resíduos é fundamental para avaliar o ajuste do modelo de regressão. Recomenda-se construir e analisar o gráfico $e_i \times y'_i$. Em um modelo linear adequado para representar a variação das duas variáveis, espera-se que os pontos se distribuam de forma aleatória ao longo do gráfico, em torno de zero, ou seja, sem tendências, sem sequências muito longas de pontos positivos ou sequências muito longas de pontos negativos e, claro, sem valores muito discrepantes.

Uma alternativa é a utilização dos resíduos padronizados (d_i). Os resíduos padronizados são obtidos dividindo-se os resíduos e_i pelo desvio padrão dos resíduos, s_R (denominado desvio padrão residual). Em geral, quando os valores de d_i são superiores a +3 ou inferiores a -3, considera-se isso como uma sugestão de que o ponto correspondente seja um outlier.

Uma medida interessante no processo de validação de um modelo é o EP (Erro Percentual). Essa medida dá uma ideia do erro relativo, do resíduo e_i em relação ao valor observado, y_i.

$$EP_i = \frac{e_i \times 100\%}{y_i}$$

A ideia de erro relativo é importante em termos práticos para avaliarmos a adequabilidade do modelo obtido para realizar previsões. Dificilmente um analista terá "coragem" de utilizar um modelo que dá origem a erros relativos altos, ou seja, previsões grosseiras muito acima ou muito abaixo da realidade.

Na Tabela 5.5 apresentamos o cálculo dos EP para nosso exemplo. Como a ordem em que os vendedores foram observados foi arbitrária, facilitaremos a análise dos resultados colocando os valores de Publicidade em ordem crescente. Esse artifício é muito interessante sempre que a análise dos dados não depender da sequência em que os dados foram coletados.[3]

3 Por exemplo, quando os dados coletados correspondem às vendas mensais de um produto, não podemos reordenar do menor para o maior, pois desprezaríamos uma informação importante que é o crescimento ou queda das vendas ao longo do tempo.

TABELA 5.45 CÁLCULO DOS ERROS PERCENTUAIS

Publicidade	Vendas	Vendas estimadas	e	EP
1000	150359	150436,0	-77,0	-0,1%
2000	150801	151869,0	-1068,0	-0,7%
4000	157018	154735,0	2283,0	1,5%
5500	155709	156884,5	-1175,5	-0,8%
6000	159922	157601,0	2321,0	1,5%
8000	157007	160467,0	-3460,0	-2,2%
9000	159844	161900,0	-2056,0	-1,3%
10000	164471	163333,0	1138,0	0,7%
11000	169565	164766,0	4799,0	2,8%
12000	163519	166199,0	-2680,0	-1,6%

Os valores de EP nos parecem bastante razoáveis. O maior valor de EP é 2,8%, o que, em termos de previsão de Vendas, considerando apenas os gastos com Publicidade, é um ótimo resultado.[4] A Figura 5.12 mostra a variação do EP com o valor correspondente de publicidade.

FIGURA 5.12 GRÁFICO DOS ERROS PERCENTUAIS

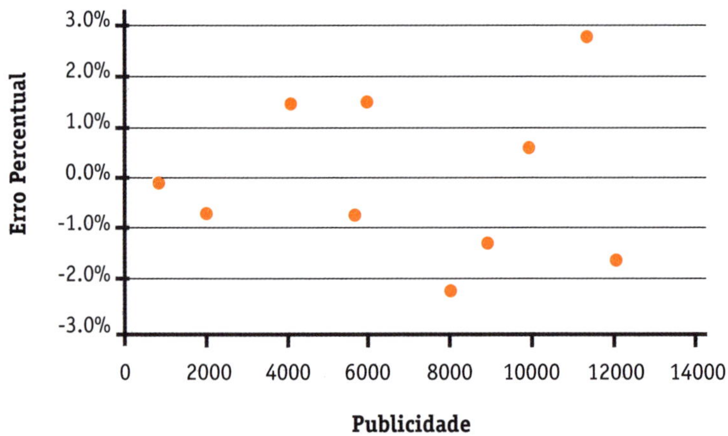

4 Dificilmente um estudo com dados reais de vendas x publicidade conduziria a resultados tão satisfatórios. Há um sem-número de fatores que impactam nas vendas e que não foram aqui considerados.

5.3.5 PONTOS INFLUENTES

Como já dissemos, a existência de outliers pode conduzir ao ajuste de retas não adequadas. A reta de mínimos quadrados obtida nesses casos não será a que melhor se ajusta aos pontos. Um ponto é dito influente se a reta obtida com sua presença difere significativamente da reta que obtemos sem sua presença.

Em muitos casos, são obtidas estimativas mais corretas da relação entre as variáveis retirando da análise os pontos influentes. Cabe ao pesquisador identificar quando se trata de um procedimento recomendável. De forma geral, recomenda-se sempre verificar o diagrama de dispersão. Assim, é possível reconhecer se existem esses pontos e verificar como os resultados se alteram ao retirá-los da análise.

A Figura 5.13 dá uma ideia do efeito de pontos influentes. O ponto correspondente à Publicidade de R$ 9.000,00 teve o valor de Vendas alterado para R$ 200.000,00. Notamos, então, que o coeficiente angular da nova reta (2,1077) é praticamente igual a 1,5 vezes o coeficiente angular anterior (1,4333). Em outros termos, para cada R$ 1,00 em publicidade, o aumento do valor esperado das vendas será 50% maior se utilizarmos a reta contaminada pelo outlier. A ocorrência do outlier deve ser investigada e corrigida.

FIGURA 5.13 ANÁLISE INCLUINDO PONTO INFLUENTE

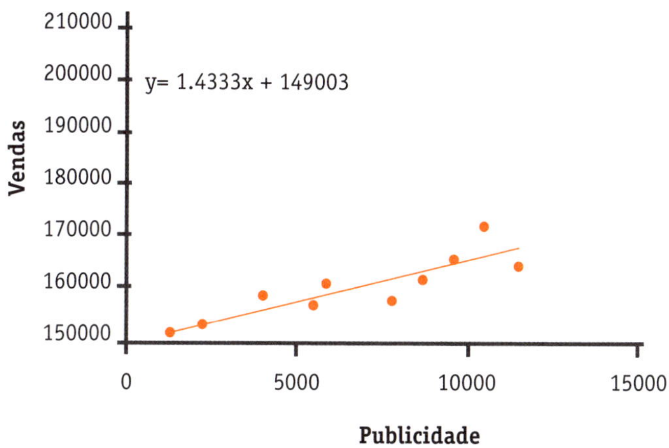

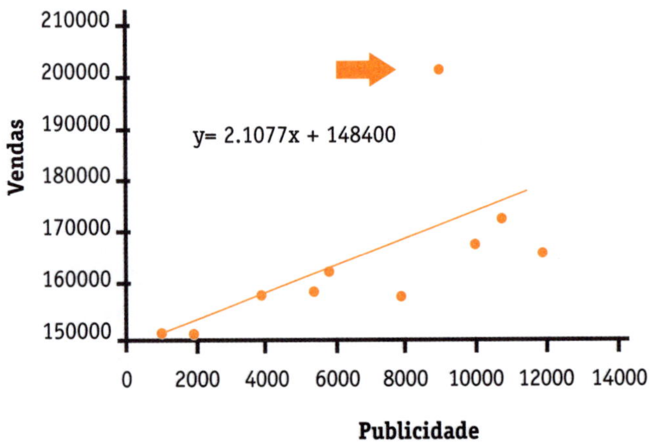

Vale notar que nem todo outlier altera a equação da reta, como veremos a seguir na Figura 5.14. O valor correspondente ao ponto (12000; 163519) foi alterado para (21000; 179099). Como o outlier está na mesma direção da reta original, o coeficiente angular sofre pequena variação. Esse outlier pode ter ocorrido por ter sido selecionada, por exemplo, por engano, uma empresa de outro setor. De qualquer forma, o outlier deve ser investigado e a ação reparadora adequada deve ser tomada.

FIGURA 5.14 ANÁLISE INCLUINDO PONTO INFLUENTE

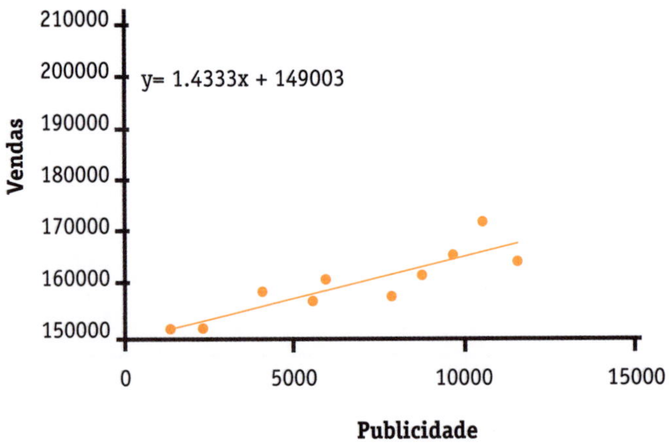

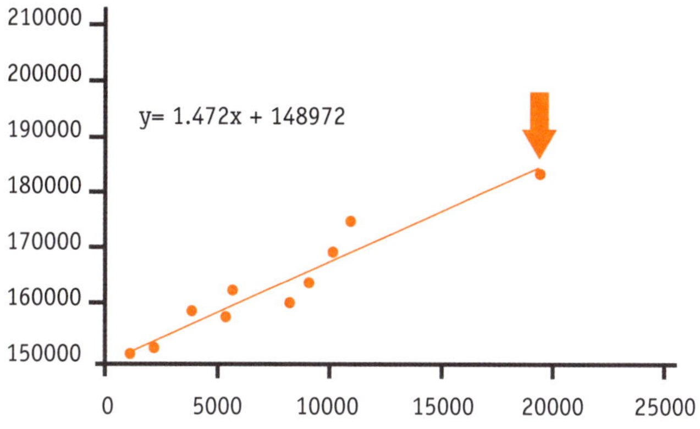

5.3.6 QUEM É Y E QUEM É X?

Em geral, ao enfrentarmos um problema real não há uma indicação clara de qual deva ser a variável independente ou previsor (x) e qual deva ser a variável dependente ou resposta (y). O procedimento geral em administração é seguir a intuição e verificar quem pode ser a causa (x) e quem é o efeito (y). Por exemplo, ao lidar com salário e anos de formado, o mais usual é que o analista deseje prever o salário em função dos anos de formado. Nesse caso obteremos a reta em que a variável resposta é salário e a variável previsora é anos de formado.

Se o objetivo for estimar o número de anos de formado a partir do salário, então calculamos a reta de regressão em que a resposta é o número de anos de formado e a variável previsora é o salário.

É importante ressaltar que os dois casos exemplificados acima dão origem a retas distintas. Para estimar o número de anos de formado a partir de salário não devemos simplesmente utilizar a outra reta de regressão e depois, com auxílio da álgebra, obter o valor desejado.

A equação obtida para prever Vendas a partir de Publicidade (regressão de Vendas sobre Publicidade) foi

Vendas´= 1,4333 × Publicidade + 149003

O leitor poderá verificar que a reta de regressão de Publicidade sobre Vendas é

Publicidade´= 0,57 × Vendas - 83143

As duas retas se cruzam no ponto $(\bar{x}, \bar{y})$.

5.3.7 MODELOS NÃO LINEARES

Muitas vezes, a relação entre as variáveis de interesse não pode ser bem descrita por meio de uma equação linear. Uma forma de identificar essas situações é por meio da análise do gráfico de dispersão. Caso isso ocorra, deve-se verificar se é possível realizar transformações que tornem a relação linear. Outra solução é permitir que a relação entre as variáveis seja ajustada por um polinômio de ordem maior que 1 (ajustar por uma parábola, por exemplo). Cabe ao analista a verificação da adequabilidade de cada uma dessas técnicas.

Vejamos o exemplo seguinte, ilustrado na Figura 5.15.

FIGURA 5.15 GRÁFICO DE DISPERSÃO DE RENDA ANUAL X ANOS DE ESCOLARIDADE

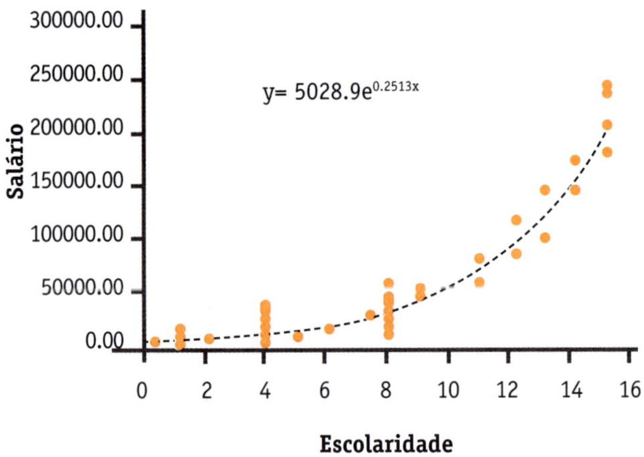

Pode-se notar pelo gráfico que existe uma relação positiva entre os anos de escolaridade e a renda anual dos indivíduos nessa amostra. No entanto, essa relação não é linear. O ajuste da curva de tendência foi realizado utilizando uma função exponencial da escolaridade.

Nesse caso, em particular, utilizando o logaritmo natural da Renda Anual, a relação resultante entre essa variável transformada e os Anos de Escolaridade pode ser bem representada por uma reta. Isso pode ser visto na Figura 5.16.

FIGURA 5.16 GRÁFICO DE DISPERSÃO DE LN(RENDA ANUAL) X ANOS DE ESCOLARIDADE

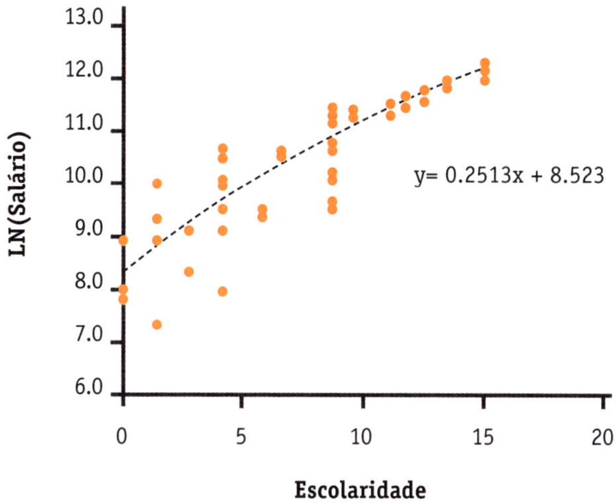

Assim, podemos calcular os parâmetros de uma reta de regressão do Logaritmo da Renda Anual sobre a Escolaridade. Depois, recuperamos o valor previsto do nível dos salários aplicando a função exponencial. Por exemplo, se desejamos estimar a renda anual quando um indivíduo tem 10 anos de escolaridade, procedemos como segue:

a. Calculamos o valor de LOG(renda anual) $= 0{,}2513 \times 10 + 8{,}523 = 11{,}036$
b. Obtemos o valor de renda anual: Renda Anual $= e^{11{,}036} = 62068{,}88$

Há situações em que o analista tem elementos para inferir a possível forma da curva. Informações provindas de estudos similares ou conjecturas teóricas sobre o comportamento do fenômeno são os elementos que poderão, eventualmente, conduzir a um modelo teórico a ser ajustado aos dados. Uma vez feito o ajuste, o modelo será avaliado.

Em geral, a tarefa de identificar a forma de uma curva não é simples. Se não temos um modelo teórico e, ao analisar o diagrama de dispersão, não reconhecemos a forma da função, devemos experimentar diferentes combinações de diferentes transformações de X e Y (inverso, logaritmo, raiz quadrada, quadrado etc.) na tentativa de obter uma linearização da curva original. Uma opção é testar as diferentes combinações disponiblizadas no Excel para adicionar uma linha de tendência.

É possível que o analista não consiga linearizar a função: seja porque não detectou a transformação apropriada ou, simplesmente, porque se trata de uma função não linearizável. Técnicas para lidar com essa situação não serão discutidas aqui.

EXERCÍCIOS

1. Considere os dados seguintes:

X	Y1	Y2	Y3
10	8,04	9,14	7,46
8	6,95	8,14	6,77
13	7,58	8,74	12,74
9	8,81	8,77	7,11
11	8,33	9,26	7,81
14	9,96	8,10	8,84
6	7,24	6,13	6,08
4	4,26	3,10	5,39
12	10,84	9,13	8,15
7	4,82	7,26	6,42
5	5,68	4,74	5,73

Para cada caso, sem eliminar pontos, desenhe o diagrama de dispersão, calcule o coeficiente de correlação e compare os valores. Qual a sua conclusão?

2. Considere a Planilha TELETANG. Qual das variáveis (TELNET, TELCEL, TELNET, TELTOT, TMPCLI e NUMFUNC) apresenta a maior correlação com FATUR? Qual apresenta a menos correlação? Os resultados lhe parecem razoáveis no contexto do problema?

3. Considere a planilha CHOMPS. Ela mostra as vendas de uma rede de supermercados em diferentes regiões de um país e o número de pontos de vendas em cada uma dessas regiões.
   a. Ajuste uma reta para prever VENDAS a partir de PNT.

ii. Dê a equação da reta. Interprete os parâmetros dessa equação.
iii. Utilize essa equação para prever VENDAS em uma região com 5 pontos de venda.
iv. Analise os resíduos e avalie o ajuste da reta aos pontos. Identifique eventuais outliers e decida como proceder com esses pontos.
v. Você utilizaria essa equação para fazer previsões?

4. Considere os dados da planilha HOME PRICES.
   b. Calcule as correlações entres as variáveis PRICE, SQFT e TAX. Apresente os resultados em uma matriz de correlações (cada linha corresponde a uma variável e cada coluna também corresponde a uma variável; os elementos da matriz são as correlações correspondentes).
   c. Ajuste uma reta para prever PRICE a partir de SQFT.
      i. Dê a equação da reta. Interprete os parâmetros dessa equação.
      ii. Utilize essa equação para prever o preço de uma casa para a qual SQFT = 2000.
      iii. Analise os resíduos e avalie o ajuste da reta aos pontos. Verifique a existência de eventuais outliers e decida como proceder com esses pontos.
      iv. Você utilizaria essa equação para fazer previsões?
   d. Ajuste uma reta para prever TAX a partir de PRICE.
      i. Dê a equação da reta. Interprete os parâmetros dessa equação.
      ii. Utilize essa equação para prever a TAX de uma casa para a qual PRICE = 1950.
      iii. Analise os resíduos e avalie o ajuste da reta aos pontos. Identifique eventuais outliers e decida como proceder com esses pontos.
      iv. Você utilizaria essa equação para fazer previsões?

e. Ajuste uma reta para prever PRICE a partir de TAX. Compare os resultados obtidos com os do item anterior. Em que pontos as duas retas se cruzam?

5. Considere a planilha ESCOLA. Os dados mostram as anuidades (em $) e os salários mensais médios (em $) dos professores das escolas correspondentes.
   f. Calcule a correlação entres as variáveis. Comente quanto à magnitude da correlação.
   g. Ajuste uma reta para prever SALÁRIO a partir de ANUIDADE.
      i. Dê a equação da reta. Interprete os parâmetros dessa equação.
      ii. Utilize essa equação para prever o salário médio em uma escola cuja anuidade é igual a $ 45.000,00
      iii. Analise os resíduos e avalie o ajuste da reta aos pontos. Verifique a existência de eventuais outliers e decida como proceder com esses pontos.
      iv. Você utilizaria essa equação para fazer previsões?
6. Considere a planilha BALANÇO. Os dados correspondem a Estados da Federação em 2006
   h. Calcule a correlação entres as variáveis. Apresente os resultados em forma de matriz
   i. Ajuste uma reta para prever IDH a partir de ALFABETIZAÇÃO.
      i. Dê a equação da reta. Interprete os parâmetros dessa equação.
      ii. Analise os resíduos e avalie o ajuste da reta aos pontos. Verifique a existência de eventuais outliers e decida como proceder com esses pontos.
      iii. Você utilizaria essa equação para fazer previsões?
   j. Ajuste uma reta para prever IDH a partir de RENDA PER CAPITA.
      i. Dê a equação da reta. Interprete os parâmetros dessa equação.
      ii. Analise os resíduos e avalie o ajuste da reta aos pontos. Verifique a existência de eventuais outliers e decida como proceder com esses pontos.

iii. Você utilizaria essa equação para fazer previsões?

k. Compare os resultados para as duas regressões anteriores. Qual delas é melhor para prever o IDH de um estado? Por quê?

7. Considere a planilha SUPER_UNI.

l. Qual das três variáveis LOJAS, CHECK-OUTS e FUNCS aparenta ser a melhor para prever o faturamento da empresa em 2001? Por quê?

m. Dê a equação para prever o faturamento a partir da variável que você elegeu no item anterior. Analise os resíduos, verifique a existência de outliers e comente os resultados.

8. Considere as variáveis X e Y. Uma amostra aleatória de sete elementos forneceu os valores seguintes:

	1	2	3	4	5	6	7
X	3	6	9	12	16	20	30
Y	1000	541	438	422	378	374	169

a. Faça o diagrama de dispersão. O modelo linear lhe parece adequado?

b. Ajuste a curva Y = a Xb. Analise os resíduos padronizados

c. Ajuste a curva Y = a ebX. Analise os resíduos padronizados

d. Qual das duas curvas acima você escolheria? Por quê?

e. Ajuste uma reta aos dados utilizando o método dos mínimos quadrados. Comente comportamento dos resíduos padronizados.

f. Repita o item anterior sem considerar o primeiro dado (3, 1000). Veja como se comportam os novos resíduos. Se você encontrasse essa situação, como procederia?

9. Considere a planilha OECD.

n. Ajuste uma reta para prever PCINC a partir de AGR.

i. Dê a equação da reta. Interprete os parâmetros dessa equação.

ii. Utilize essa equação para prever as PCINC quando AGR= 18.
iii. Analise os resíduos e avalie o ajuste da reta aos pontos. Identifique eventuais outliers e decida como proceder com esses pontos.
iv. Você utilizaria essa equação para fazer previsões?

10. Considere a planilha IDHxPIB.

o. Ajuste uma reta para prever PIB a partir de IDH.

i. Dê a equação da reta. Interprete os parâmetros dessa equação.
ii. Utilize essa equação para prever o PIB quando IDH= 0,810.
iii. Analise os resíduos e avalie o ajuste da reta aos pontos. Identifique eventuais outliers e decida como proceder com esses pontos.
iv. Você utilizaria essa equação para fazer previsões?

11. Considere os dados seguintes, onde D é o número oficial de portadores de uma doença por 100 mil habitantes

Ano	D
1974	170
1975	114
1976	87
1977	70
1978	71
1979	60
1980	54
1981	49
1982	43
1983	38
1984	36

a. Ajuste uma reta para prever D em 1987. Antes de fazer a previsão avalie o ajuste da reta analisando os resíduos e os erros percentuais.
b. Que suposições devem ser admitidas para que se possa confiar nessa previsão?

12. Considere os dados da planilha LOJAS DUMMY.
a. Que variável parece mais adequada para estimar VENDAS: IDADE ou EXPER. Note que sua resposta pode ser: nenhuma! De qualquer forma, justifique sua resposta. Não se esqueça de analisar e comentar o comportamento dos resíduos. Em ambos os casos interprete o significado do coeficiente angular da reta no contexto do problema.
b. Faça o diagrama de dispersão de VENDAS x IDADE separadamente para cada departamento. Compare com a regressão obtida mesclando todos os departamentos.

Capítulo 6

SÉRIES TEMPORAIS

INTRODUÇÃO

Uma série temporal (ST) é uma sequência de observações em ordem cronológica. Pode ser representada simbolicamente como:

$$ST = \{ y(1),\ y(2),\ y(3),\ \ldots,\ y(n) \},$$

em que y(t) representa o valor observado no instante t para t = 1, 2, ..., n. O tempo pode ser medido em dias, horas, meses, anos ou qualquer outra unidade de tempo.

Séries de tempo são usadas largamente em todas as áreas do conhecimento, sendo particularmente úteis para a caracterização de processos evolutivos, propagação de doenças, comportamento de índices de preços etc. São exemplos de séries de tempo comumente utilizadas em finanças índices de preços (como o IGP), o produto interno bruto (PIB) e o índices da bolsa de valores (como o Ibovespa). Por exemplo, o gráfico seguinte mostra a série temporal do PIB, medido trimestralmente a partir de 1962. A variável y(t) denota o PIB no trimestre t (os dados estão na planilha PIB).

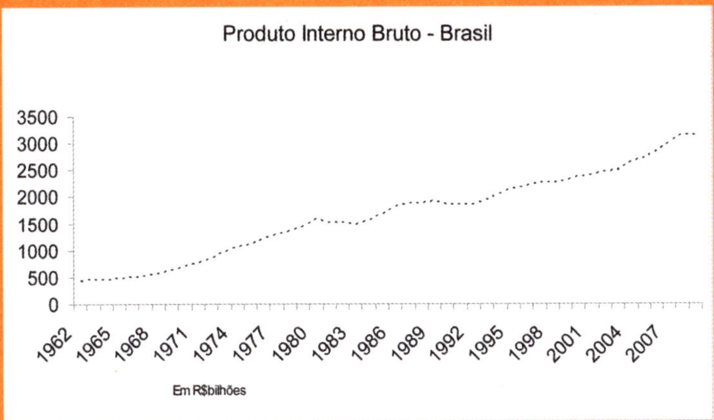

Fonte: Banco Central do Brasil (BACEN).

A série de ocupação de determinado hotel, próximo a uma universidade, cujo gráfico é dado a seguir (dados na planilha MOTEL NINE), mostra claramente na existência de sazonalidade. Analisando os dados cuidadosamente na planilha de dados, observamos que essa queda ocorre no mês de férias.

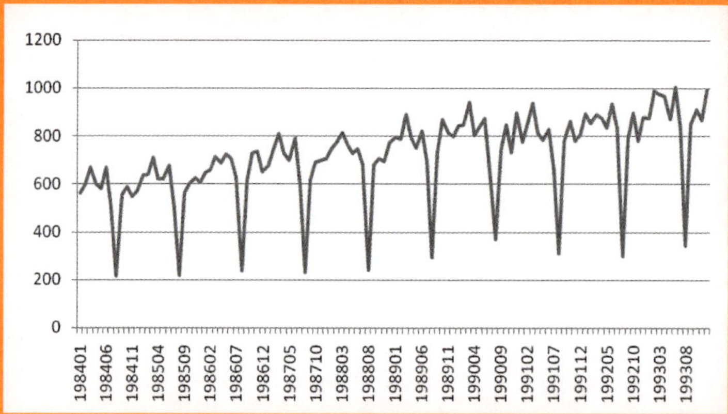

NOTA COMPLEMENTAR

Séries Temporais podem ser classificadas como discretas ou contínuas, de acordo com o intervalo de chegada de novas observações. A maior parte das séries em administração e economia é discreta, com dados intercalados ao longo de intervalos de tempo (por exemplo, o PIB brasileiro apresenta periodicidade trimestral). As séries em que as informações são adicionadas em "tempo real" são chamadas de séries temporais contínuas (um exemplo desse tipo de série é o eletrocardiograma).

6.1 POR QUE ESTUDAR SÉRIES TEMPORAIS?

- Previsão: em administração de empresas e em economia a principal finalidade de trabalhar com séries temporais é fazer previsões. Por exemplo, um fabricante deseja prever a demanda para poder planejar sua produção; o gestor do serviço de atendimento ao cliente de uma empresa de telefonia deseja prever o número de possíveis ligações para dimensionar sua equipe de atendentes; uma empresa geradora de energia elétrica deseja prever a demanda nos próximos anos para dimensionar sua expansão.
- Análise do comportamento histórico: um analista financeiro pode ter interesse em identificar períodos em que os retornos de um título apresentavam tendência de crescimento e, posteriormente, analisar o cenário econômico nesses períodos com o objetivo de entender o porquê dessa tendência. A identificação de um comportamento sazonal também pode ser de interesse.
- Agrupamento (determinação de clusters) de setores: o agrupamento de setores de atividade que apresentem o mesmo comportamento com relação a determinado índice financeiro é uma aplicação interessante. Por exemplo, uma analista de crédito, preocupada com a diversificação de seu portfólio, compara as séries temporais do número de falências e concordatas em diferentes setores da economia. Seu objetivo é agrupar setores cujas séries temporais se comportem de forma similar ao longo do tempo. Graficamente, significa agrupar setores cujas séries são aproximadamente "paralelas" ao longo do tempo. Uma carteira de crédito com uma grande porcentagem de clientes pertencentes a um único desses agrupamentos, apresenta alto risco, pois, na linguagem da área, tem baixa diversificação de risco.

Fora da área de administração, várias são as aplicações do estudo de ST. Por exemplo, o médico ao analisar um eletrocardiograma para diagnosticar um problema cardíaco, nada mais está fazendo do que analisar uma ST (no caso o eletrocardiograma).

6.2 PADRÕES DE SÉRIES TEMPORAIS

Em função de seu comportamento uma classificação simplista das ST geralmente encontradas em administração é apresentada a seguir. Basicamente as ST apresentam quatro componentes: tendência, sazonalidade, ciclo e erro aleatório (ruído).

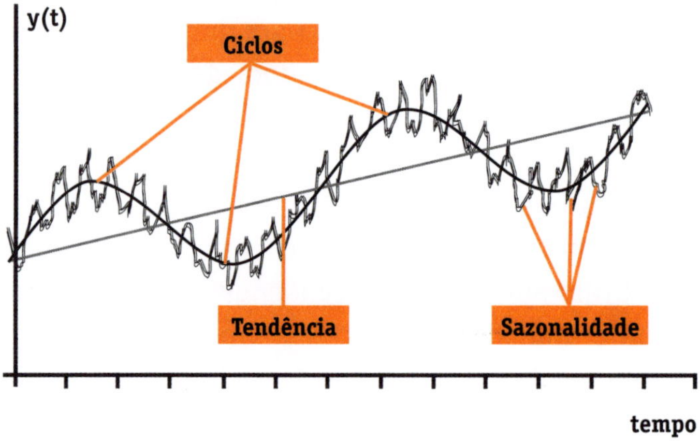

6.2.1 TENDÊNCIA

O componente de tendência capta as variações de longo prazo da série temporal. É um padrão regular de crescimento ou queda. A linha de tendência pode ser uma reta, uma exponencial, uma sigmoide ou outro tipo de curva.

6.2.2 SAZONALIDADE

Entende-se por sazonalidade a presença de variações periódicas no nível da série, isto é, padrões de altas ou baixas que se repetem com regularidade ao longo do tempo devido a fenômenos climáticos (verão, inverno), datas especiais (dias das mães, Natal, férias escolares etc.) entre outros. Em geral, a periodicidade das variações sazonais é igual ou inferior a um ano, ou seja, o padrão da série se repete em intervalos de tempo inferiores a um ano.

Um exemplo simples de sazonalidade é o pico de vendas de chocolates na época da Páscoa. Todos os anos, independentemente de a economia estar melhor ou pior do que nos anos anteriores, espera-se que as vendas de chocolate tenham uma alta na época da Páscoa. A esse salto que ocorre a cada 12 meses nesta série dá-se o nome de sazonalidade. Da mesma forma, a venda de passagens para Miami é maior nos meses de férias.

6.2.3 CICLOS

Ciclos são variações (ondulações) que não apresentam a regularidade da variação sazonal e, em geral, cobrem longos períodos (de vários anos). Em séries econômicas, os ciclos estão relacionados com mudanças no comportamento de fatores socioeconômicos. Os economistas têm se dedicado a identificar e estudar a ocorrência de ciclos na variação de um indicador econômico. Devido à sua complexidade esse texto não tratará de ciclos.

6.2.4 ERRO

As variações de y(t) ao longo do tempo não podem ser representadas com perfeição por um modelo matemático. Há uma infinidade de fatores que afetam y(t). Em geral, o efeito de cada um desses fatores é muito pequeno, não é regular, sendo difícil ou mesmo impossível de quantificar ou prever. As variações provocadas por esses fatores "imprevisíveis" denominam-se erros ou ruído (por analogia, é o chiado que ouvimos quando uma estação de rádio não está bem sintonizada). Há técnicas cujo objetivo é filtrar esse ruído de forma que se possa ter uma imagem mais nítida do comportamento da ST. Adiante, discutiremos uma dessas técnicas para alisar a série.

Por exemplo, admita que y(t) representa as vendas de cerveja ao longo do tempo. Provavelmente essa série será sazonal (maiores vendas no verão) e dependendo do esforços de marketing do fabricante podem apresentar uma tendência crescente. No entanto há uma multiplicidade de fatores eventuais que impacta nas vendas de cerveja ao longo do tempo e que seria difícil de identificar e quantificar. Por exemplo, um leve aumento de temperatura em determinado dia, o fato de um artista da novela ter bebido cerveja durante uma cena na noite anterior, uma partida de futebol de maior interesse etc. podem afetar as vendas de cerveja em determinado dia.

De forma geral podemos sintetizar o comportamento de uma série temporal por meio da equação $y(t) = f_t$ (tendências, sazonalidades, ciclos) + erro(t). Como veremos adiante, o exercício de previsão consiste em identificar essa função f e estimar seus parâmetros de forma que os erros sejam pequenos.

A seguir, ilustramos esses componentes de uma série por meio de alguns exemplos.

1. Série "estável": o nível da série é praticamente constante ao longo do tempo assim como a variação dos valores ao redor desse patamar. Por exemplo, observamos a série seguinte de atendimentos diários em um hospital público (planilha ATEND_HOSP)

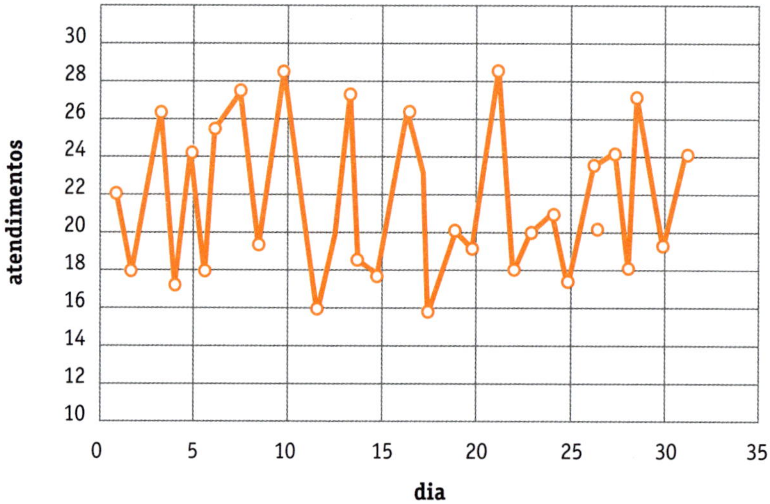

2. Série com tendência linear crescente: os valores do índice de preços IGV crescem ao longo do tempo; esse crescimento pode ser representado por uma reta (planilha IGV).

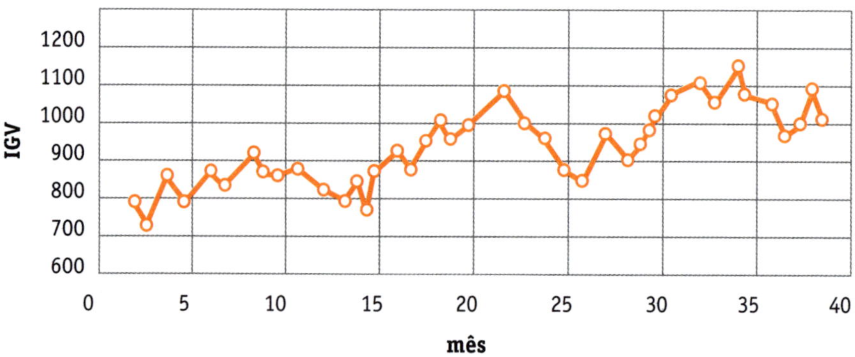

3. Série com tendência não linear decrescente: a ST mostra o número de queixas a respeito de um serviço telefônico registrados mensalmente pelo Serviço de Atendimento ao Cliente (Planilha

SAC). A queda de reclamações, como poderemos constatar visualmente, é exponencial.

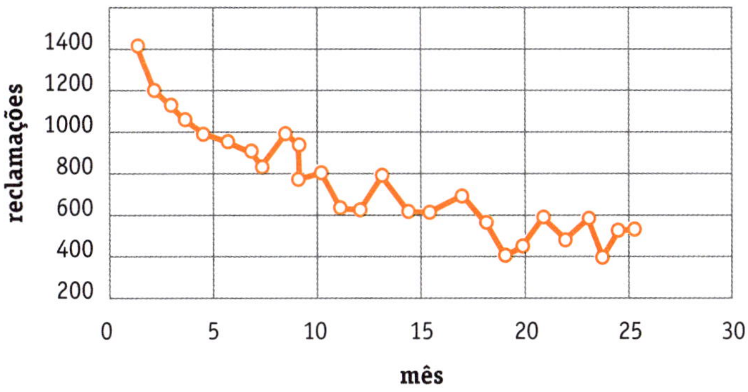

4. Série sazonal, sem tendência: a ST mostra as vendas trimestrais de uma empresa de eventos (planilha EVENTOS).

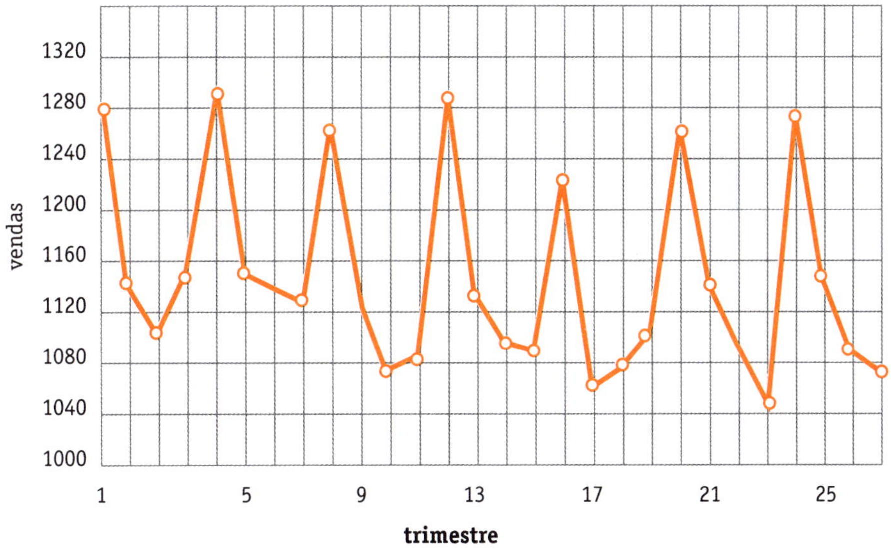

5. Série com tendência e sazonalidade aditiva: a ST representa o número de roupas de festa alugadas trimestralmente em uma loja especializada (planilha ROUPAS). Dizemos que a sazonalidade é aditiva pois a variação dos valores em torno da linha de tendência é constante. Os aluguéis são maiores no primeiro trimestre, mas as diferenças em relação à linha de tendência permanecem praticamente constantes ao longo do tempo.

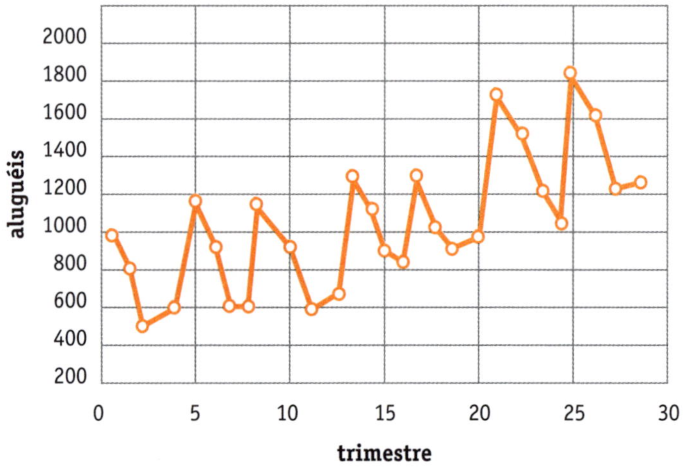

6. Serie com tendência e sazonalidade multiplicativa: a ST representa as vendas, em milhares de garrafas, de determinada bebida (planilha BEBIDAS). Dizemos que a sazonalidade é multiplicativa, pois a variação dos valores em torno da linha de tendência cresce à medida que as vendas crescem. As vendas são maiores no segundo quadrimestre e as diferenças em relação à linha de tendência crescem "proporcionalmente" ao longo do tempo.

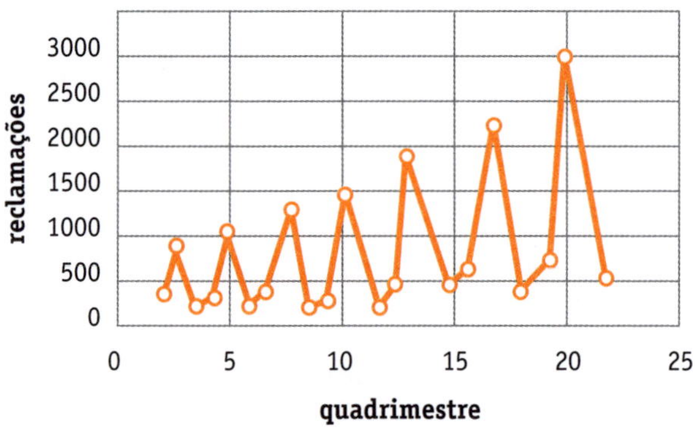

6.3 MÉDIAS MÓVEIS

O "alisamento" de uma série temporal com auxílio da técnica de médias móveis permite reduzir o ruído da série e facilita a identificação do comportamento da série. Alem de facilitar a análise da série temporal, a técnica de médias móveis permite calcular os índices de sazonalidade. Inicialmente vamos entender a técnica e posteriormente veremos sua aplicação.

Denotaremos por $MM_t(m)$ a média móvel centrada de ordem m. Expliquemos através de exemplos o que isso siginifica.

EXEMPLO 1

Cálculo da média móvel centrada de ordem 3 (ímpar)

Consideremos a tabela seguinte (Tabela 6.1) (a tabela completa na planilha LSZ_PN). A primeira coluna indica o instante t. A segunda coluna os valores observados y(t) da série.

A terceira coluna contém as médias móveis de ordem 3.

Para t=2, $MM_2(3)$ = Média [y(1), y(2), y(3)]

Para t=3, $MM_3(3)$ = Média [y(2), y(3), y(4)]

Em geral,

Para t = i, $MM_i(3)$ = Média [y(i-1), y(i), y(i+1)] i = 1, 2, ..., n-1.

Observamos que a cada novo valor de t (à medida que a média vai se move para baixo) o primeiro elemento do conjunto anterior é removido e o elemento seguinte da série é incluído.

A quarta coluna contém os valores de MM(5), calculados para poder analisar graficamente o que ocorre quando aumentamos a ordem m da média móvel.

Note que para t = i, teremos $MM_i(5)$ = Média [y(i-2), y(i-1), y(i), y(i+1), y(i+2)].

Cálculo das médias móveis

t	y(t)	MM(3)	MM(5)
1	-3,32%		
2	-5,62%	-0,88%	
3	6,30%	1,52%	0,04%
4	3,88%	3,05%	-0,15%
5	-1,04%	-0,47%	1,31%
6	-4,26%	-1,20%	0,25%
7	1,69%	-0,53%	-0,39%
—	—	—	—
19	1,60%	0,72%	1,64%
20	-0,43%	0,69%	0,49%
21	0,91%	-0,05%	1,19%
22	-0,63%	1,59%	1,26%
23	4,50%	1,94%	1,16%
24	1,96%	1,84%	
25	-0,94%		

[(-3,32) + (-5,62) + (6,30)] / 3

[(-0,43) + (0,91) + (-0,63) + (4,50) +(1,96)] / 5

Comparando os gráficos das séries observamos que MM(5) é mais suave que MM(3).

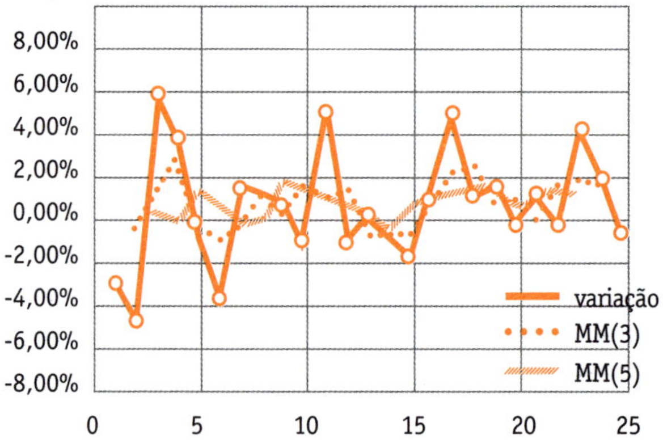

A partir dessa análise surge a pergunta: qual deve ser a ordem **m** das médias móveis? Quanto maior **m**, mais lisa fica a série. Por outro lado, quanto maior **m**, maior o número de pontos que perdemos nas extremidades. Por exemplo, utilizando a MM(3) perdemos o primeiro e o último ponto da série. Utilizando MM(5), perdemos os dois primeiros pontos e os dois últimos pontos da série. Ao utilizar a série alisada para fazer previsões, a perda dos últimos pontos (mais recentes) pode ser prejudicial.

EXEMPLO 2

Cálculo da média móvel centrada de ordem 4 (par)

A primeira média de 4 valores que calculamos, a saber $MM'_2(4)$ = Média [y(1), y(2), y(3), y(4)] = 0,31% não é centrada (o centro seria no instante "t = 2,5"). A segunda média, a saber, $MM'_3(4)$ = Média [y(2), y(3), y(4), y(5)] = 0,88% também não é centrada (o centro seria no instante "t = 3,5"). Calculando a média dessas duas médias obtemos a média móvel centrada em t = 3, $MM_3(4)$ = Média [$MM'_2(4)$, $MM'_3(4)$]

t	y(t)	MM(3)	MM(5)
1	-3,32%		
2	-5,62%	0,31%	
3	6,30%	0,88%	0,59%
4	3,88%	1,22%	1,05%
5	-1,04%	0,07%	0,64%
6	-4,26%	-0,65%	-0,29%
7	1,69%	-0,23%	-0,44%
---	---	---	---
19	1,60%	0,77%	1,30%
20	-0,43%	0,36%	0,57%
21	0,91%	1,09%	0,73%
22	-0,63%	1,68%	1,39%
23	4,50%	1,22%	1,45%
24	1,96%		
25	-0,94%		

6.4 CÁLCULO DOS ÍNDICES DE SAZONALIDADE UTILIZANDO MÉDIAS MÓVEIS

Para calcular os *índices de sazonalidade* correspondentes a uma ST, utilizaremos um procedimento com base na aplicação de médias móveis.

Consideremos a série seguinte (dados da planilha BEBIDAS) na qual observamos sazonalidade multiplicativa. O padrão se repete a cada três períodos (sendo os dados quadrimestrais, o padrão se repete anualmente).

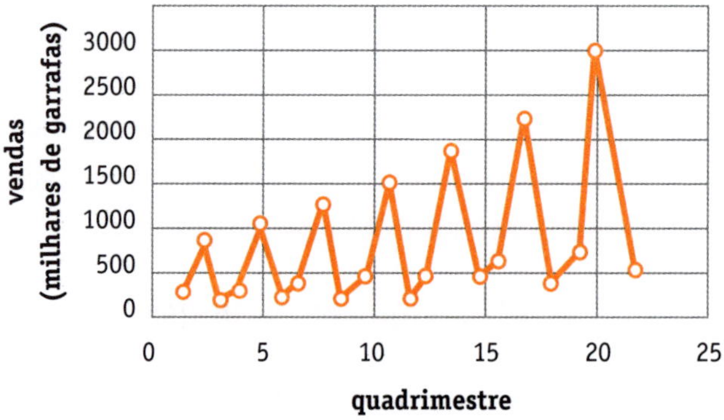

Como o padrão se repete a cada 3 períodos, tomamos médias móveis centradas de ordem 3 . A tabela seguinte mostra o cálculo das médias móveis de ordem 3. A série temporal das médias móveis é uma série "desazonalizada".

Após calcular os valores das médias móveis, calculamos os índices de sazonalidade IS(t) para cada valor de t. Se a série tiver sazonalidade multiplicativa, como é o caso deste exemplo, calculamos IS(t) = y(t) / $MM_t(3)$. Note que IS(t) representa o quanto "a mais" (ou "a menos") o valor da série y(t) é do valor que seria obtido sem sazonalidade. Por exemplo, se y(t) =120 e MM(t) = 80, então IS(t) =1,5, ou seja, no instante t, a sazonalidade provoca um aumento de 50%. Quando a série tem sazonalidade aditiva, então IS(t) = y(t) - $MM_t(3)$.

T	ANO	QDR	y(t)	MM3(t)	IS(t)	ISZ(t)	yas(t)
1	1985	1	206,0			0,605	340,50
2	1985	2	694,0	341,67	2,03	2,02	343,56
3	1985	3	125,0	354,33	0,35	0,375	333,33
4	1986	1	244,0	452,00	0,54	0,605	403,31
5	1986	2	987,0	471,00	2,10	2,02	488,61
6	1986	3	182,0	525,67	0,35	0,375	485,33
—	—	—	—	—	—	—	
16	1990	1	662,0	1082,67	0,61	0,605	1094,21
17	1990	2	2192,0	1090,00	2,01	2,02	1085,15
18	1990	3	416,0	1100,33	0,38	0,375	1109,33
19	1991	1	693,0	1213,67	0,57	0,605	1145,45
20	1991	2	2532,0	1243,00	2,04	2,02	1253,47
21	1991	3	504,0			0,375	1344,00

Tendo os valores de IS(t), nós os organizamos em uma tabela em que cada coluna corresponde a um período. Em nosso caso, a um quadrimestre. Obtemos, então, a mediana desses índices para cada quadrimestre. Note-se que optamos pela mediana para evitar o impacto de um eventual outlier. A maioria dos autores trabalha com a média aritmética. As medianas são os índices de sazonalidade "padronizados". Os valores padronizados são denotados por ISZ(t).

	QDR 1	QDR 2	QDR 3
		2,03	0,35
	0,54	2,10	0,35
	0,63	2,01	0,38
	0,60	2,02	0,37
	0,62	1,99	0,40
	0,61	2,01	0,38
	0,57	2,04	
Medianas	0,605	2,02	0,375

Finalmente, calculamos a série yas(t), que representa os valores de y(t) ajustados sazonalmente pelos índices padronizados. Temos yas(t) = y(t) / ISZ(t). Essa série, em geral muito próxima à série de médias móveis, será utilizada para efetuar previsões.

NOTA COMPLEMENTAR

Note que a soma das medianas é igual a 3,0 (lembre que nessa série, p = 3). Esse fato nem sempre ocorre e devemos "normalizar" os valores de forma tal que a soma dos índices de sazonalidade seja igual a p. Se a soma dos índices de sazonalidade fosse igual a 3,2, por exemplo, dividiríamos todos os índices por 3,2 e os multiplicaríamos por 3,0. Dessa forma os índices somarão 3,0.

6.5 PREVISÃO COM SÉRIES TEMPORAIS

Dada uma séries de valores históricos y(1), y(2), y(3), ..., y(n), o objetivo é prever os valores dos períodos seguintes: y(n+1), y(n+2), y(n+3), ...

A previsão com base em séries temporais foca o comportamento da série (tendências, sazonalidades, ciclos, degraus etc.) sem considerar as causas que afetaram esse comportamento. O desafio concentra-se na obtenção de um modelo matemático que permita reproduzir esse comportamento e obter as previsões.

Denotando por y'(n + k) a previsão de y(n + k) (n + k é o k-ésimo instante após n), nosso objetivo será encontrar uma função conveniente f tal que

$$y'(n+k) = f\,[y(1),\ y(2),\ y(3),\ \ldots,\ y(n)]$$

Um bom modelo de previsão é tal que a previsão y'(n + k) é muito próxima do verdadeiro valor y(n + k).

De forma sintética, o processo de previsão pode ser esquematizado como segue:

NOTAS COMPLEMENTARES

1. Uma série temporal é uma lista ordenada de observações geralmente não independentes entre si. A análise de séries temporais consistirá em compreender e modelar a relação entre as diferentes observações dessa série respeitando a ordem de ocorrência. Compreender a relação entre as diferentes observações pode ser difícil, mas o conceito é bastante simples e intuitivo. Por exemplo, no caso do PIB brasileiro, a relação mais forte que se nota entre as diferentes observações é a de *tendência*. No caso, o PIB apresenta uma tendência de longo prazo de crescimento e, portanto, as observações tendem a ser sempre ligeiramente maiores do que as suas antecessoras (e, por isso, a série cresce ao longo do tempo).
2. Devemos sempre ter em mente a premissa básica em previsão utilizando técnicas estatísticas: a ST no futuro se comporta como no período histórico, a partir do qual construímos a regra de previsão. Se isso não ocorrer, ou seja, se o futuro tiver comportamento distinto do passado, os valores previstos serão muito diferentes dos que serão verificados na realidade. O gráfico seguinte ilustra esse fato.

FIGURA 6.1 EVOLUÇÃO DOS JUROS REAIS BRASILEIROS

Fonte: Andima (dados referentes a 30/06/2008).

Se desejássemos fazer a previsão dos juros em julho de 2007, com base no histórico, provavelmente erraríamos por não poder prever, via estatística, a inversão da tendência da série temporal.

3. A qualidade das previsões estará relacionada à quantidade de informação disponível e a validade da premissa que o futuro será igual ao passado.
4. Há várias técnicas para fazer previsões com séries de tempo. Neste texto, em que procuramos introduzir noções básicas de exploração de dados optamos por apresentar as formas mais simples. O leitor que desejar conhecer outras técnicas, mais avançadas, deve consultar textos mais avançados, específicos para previsão com séries temporais.[1]

6.7 COMO AVALIAR UMA REGRA DE PREVISÃO?

Seja y'(t) a previsão de y(t), define-se como erro de previsão à diferença

$$e(t) = y(t) - y'(t)$$

1 1

Consideremos as previsões y'(n + 1), y'(n + 2), y'(n + 3), ... feitas a partir de uma série histórica y(1), y(2), y(3), ..., y(n). Os erros de previsão serão iguais a e(n + 1) = y(n + 1) – y'(n + 1), e(n + 2) = y(n + 2) – y'(n + 2), e(n + 3) = y(n + 3) – y'(n + 3)...

Como, no instante t = n desconhecemos os valores y(n + 1), y(n + 2), y(n + 3), ... é impossível avaliar a magnitude desses erros. Para contornar esse problema e poder avaliar um regra de previsão, recorremos a um artifício que consiste em "prever o histórico". Aplicamos o regra de previsão aos dados históricos (os valores de y(t) são conhecidos) e avaliamos a magnitude dos erros. O quadro seguinte resume o parágrafo:

Histórico	**y(1)**	**y(2)**	**—**	**y(n)**	**?**	**?**	**?**
Previsões	y'(1)	y'(2)	—	y'(n)	y'(n+1)	y'(n+2)	y'(n+3)
Erros	e(1)	e(2)	—	e(n)	**?**	**?**	**?**

Uma vez calculados os erros pata t = 1, 2, ..., n, surge uma nova questão: definir uma medida global dos erros de previsão que permita comparar duas regras de previsão. Há várias medidas para esse fim. Vamos nos restringir a duas delas:

Erro quadrático médio (EQM):

$$EQM = \frac{\sum_{t=1,\dots,n} [e(t)]^2}{n}$$

Quanto menor o EQM melhor a qualidade da regra de previsão.

Erro percentual absoluto médio (EPAM):

$$EPA = \frac{|e(t)|}{|y(t)|} \times 100\,\% \quad \Rightarrow \quad EPAM = \frac{\sum_{t=1,\dots,n} EPA}{n}$$

EPA mede o erro relativo em valor absoluto. O EPAM é a média desses erros relativos. Quanto menor o EPAM melhor a qualidade da regra de previsão.

Para ilustrar o cálculo dessas medidas, consideremos o exemplo seguinte. A regra de previsão adotada será a chamada regra ingênua (*naive method*) em que a previsão para o instante t + 1 é y'(t + 1) = y(t), ou seja, a previsão para um dado instante t + 1 é o valor observado em t.

EXEMPLO:

T	y(t)	y'(t)	e(t)	[e(t)]2	| e(t) / y(t) |× 100
1	154	-	-	-	-
2	236	154	82	6 724	34,75
3	345	236	109	11 881	31,59
4	328	345	-17	289	5,18
TOTAL	18 894	71,52	987,0	471,00	2,10
	q= 3			EQM = 6 298	EPAM = 23,84

NOTAS COMPLEMENTARES

1. Para avaliar a qualidade de uma regra de previsão, o mais importante é a análise dos erros e(t) e dos erros percentuais de previsão EPA(t) para cada t. Essa análise, subjetiva, é fundamental para verificar a magnitude dos erros de previsão, em que pontos ocorrem os maiores erros, quando os erros são positivos ou negativos, a presença de outliers, comportamento não aleatório dos erros etc. Espera-se que os erros variem de forma aleatória ao longo do tempo.

2. Se percebermos que os erros ocorrem de forma não aleatória ao longo do tempo, ou seja se parecem ser uma função do tempo, é sinal de que o modelo ajustado à série para realizar as previsões não é adequado pois não está considerando adequadamente a dependência temporal de y(t).
3. Nossa recomendação para avaliar uma regra de previsão são os e(t) e EPA(t). Para comparar regras de previsão, recomendamos o EPAM. Além de ser mais intuitivo, o fato de não elevarmos ao quadrado reduz o impacto de um eventual outlier.
4. Ao utilizar o processo de comparar duas ou mais regras de previsão com base nos erros do histórico, podemos cometer um sério erro: a regra que tem o melhor desempenho quando aplicada ao histórico não é necessariamente a que terá melhor desempenho no futuro!

6.7 PREVISÃO UTILIZANDO A SÉRIE ALISADA

Já vimos que utilizando médias móveis podemos suavizar a série e mais bem identificar o padrão de movimento da série. Uma forma simples para obter as previsões para uma série é ajustando uma curva à série alisada e utilizar a equação dessa curva para fazer as previsões. O desafio consiste em encontrar uma curva que se ajuste bem aos pontos da série alisada, o que nem sempre é uma tarefa simples. Para ilustrar esse procedimento, consideraremos a série da planilha BEBIDAS utilizada anteriormente para calcular os índices de sazonalidade.

Representando graficamente a série ajustada yas(t) observamos que ela pode ser aproximada por uma linha reta.

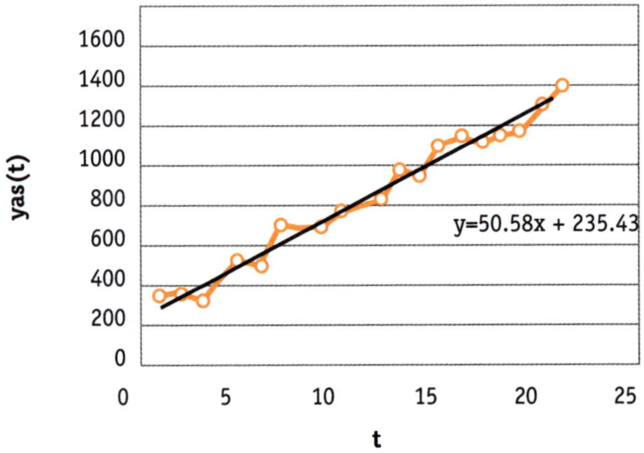

Obtendo a equação da reta pelo regra dos mínimos quadrados resulta

yas'(t)= 50,85 t + 235,43

Utilizaremos essa reta para fazer as previsões de vendas (sem efeito da sazonalidade) e depois corrigimos os valores multiplicando-os pelos índices de sazonalidade correspondentes. Formalmente teremos:

Previsão da tendência:

yas'(t) = 50,85 t + 235,43 para t + 1, t + 2, ...

Correção pela sazonalidade, obtendo a previsão de y(t):

y'(t) = yas'(t) × ISZ(t) onde ISZ(t) é o índice de sazonalidade correspondente ao instante t.

Nossa série histórica vai até t = 21, que corresponde ao 3º quadrimestre. Lembrando que ISZ(1º quadrimestre) = 0,605; ISZ(2º quadrimestre) = 2,020; ISZ(3º quadrimestre) = 0,375 faremos as previsões para t=22 (1º quadrimestre) , t=23 (2º quadrimestre) e t=24 (3º quadrimestre).

Para t = 22 teremos

yas'(t) = 50,85 × 22+ 235,43=1354,13

y'(t) = yas'(t) × ISZ(1º quadrimestre) = 1354,13 × 0,605 = 880,18

Para t = 23 teremos

yas'(t) = 50,85 × 23 + 235,43 = 1404,98
y'(t) = yas'(t) × ISZ(2º quadrimestre) = 1404,98 × 2,020 = 2838,06

Para t = 24 teremos
yas'(t) = 50,85 × 24 + 235,43 = 1455,83
y'(t) = yas'(t) × ISZ(3º quadrimestre) = 1455,83 × 0,375 = 545,94

Antes de utilizar uma regra de previsão devemos avaliar seu ajuste ao histórico. A tabela seguinte apresenta os valor observados e os valores previstos para cada t.

Análise da regra de previsão					
y(t)	yas'(t)	y'(t)	e(t)	EP(t)	EPA(t)
206,0	286,28	173,20	32,80	15,9%	15,9%
694,0	337,13	681,00	13,00	1,9%	1,9%
125,0	387,98	145,49	-20,49	-16.4%	16,4%
244,0	438,83	265,49	-21,49	-8,8%	8,8%
987,0	489,68	989,15	-2,15	-0,2%	0,2%
182,0	540,53	202,70	-20,70	-11,4%	11,4%
408,0	591,38	357,78	50,22	12,3%	12,3%
1345,0	642,23	1297,30	47,70	3,5%	3,5%
258,0	693,08	259,91	-1,91	-0,7%	0,7%
449,0	743,93	450,08	-1,08	-0,2%	0,2%
1552,0	794,78	1605,46	-53,46	-3,4%	3,4%
302,0	845,63	317,11	-15,11	-5,0%	5,0%
566,0	896,48	542,37	23,63	4,2%	4,2%
1886,0	947,33	1913,61	-27,61	-1,5%	1,5%
394,0	998,18	374,32	19,68	5,0%	5,0%
662,0	1049,03	634,66	27,34	4,1%	4,1%
2192,0	1099,88	2221,76	-29,76	-1,4%	1,4%
416,0	1150,73	431,52	-15,52	-3,7%	3,7%
693,0	1201,58	726,96	-33,96	-4,9%	4,9%
2532,0	1252,43	2529,91	2.09	0,1%	0,1%
504,0	1303,28	488,73	15,27	3,0%	3,0%
					107,7%

EPAM = 5,13 %

Graficamente temos:

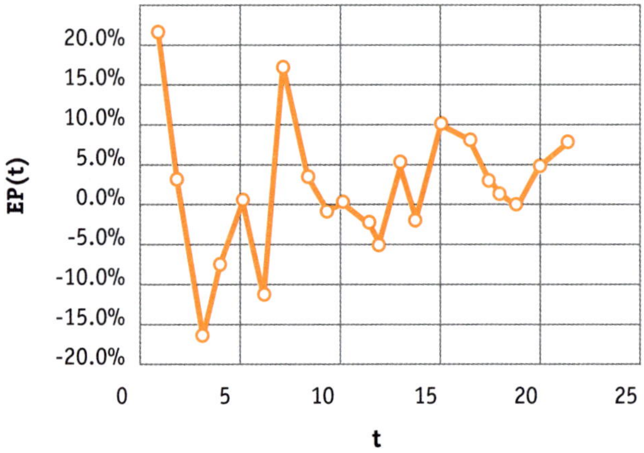

Analisando os EP percebemos que os maiores valores ocorrem para os primeiros pontos da série, o que não causa maior preocupação.

É difícil definir o que é um EP pequeno e aceitável. Isso dependerá da aplicação para a qual estamos fazendo previsões. Caso o analista não julgue os valores dos erros aceitáveis, deverá recorrer a outra técnica de previsão como tentativa de melhorar os resultados.

EXERCÍCIOS

Considere as ST no arquivo de dados. Para cada série, para construir o modelo de previsão, utilize as observações especificadas como histórico na tabela seguinte. Avalie a adequabilidade do modelo obtido para "prever" o histórico calculando o EPAM.

Utilize esse modelo para prever os valores nas datas seguintes. Compare os valores previstos com os valores reais. Calcule o EPAM para os valores previstos.

Compare os dois valores do EPAM (da série histórica e da "série futura"). Conclua.

	Série	Histórico	Série futura
1	EXPLAS	80 primeiros	10 meses seguintes
2	Plastic container	30 primeiros valores	12 valores seguintes
3	IGV	35 primeiros valores	13 valores seguintes
4	Motel Nine	1984 a 1991	Meses 1992 e 1993
5	Itaú -fechamento	25/12/1998 a 25/8/2000	01/9/2000 a 29/12/2000
6	Champa	72 primeiros meses	24 meses seguintes
7	Casamento	1919 a 1976	1977 a 1998
8	Hagafund	08/1996 a 07/2003	08/2003 a 11/2005
9	PIB trimestral	1º trimestre de 1996 a 4º trimestre de 2004	1º trimestre de 2005 ao 4º trimestre de 2009
10	Ibovespa	01/1987 a 12/2001	01/2002 a 02/2010
11	IME	01/1992 a 12/2000	01/2001 a 12/2004
12	CDI	07/03/1990 a 31/12/1995	03/01/1996 a 30/06/1998